3 단계

2차 개정판

나의 생각 글쓰기

기초 문장력 **향상**의 길잡이

나의 생각 글쓰기의 구성

나의 생각 글쓰기에는 문장부터 시작하여 문단, 원고지 사용법, 일기, 생활문, 기사문, 설명문, 논설문, 독후감까지 다양한 내용이 실려 있습니다.

1 일기

> 3월 15일 화요일   해님이 방긋방긋
> 심장이 쿵쾅쿵쾅!
>
> 국어 시간에 자기소개를 했다. 내 차례가 되어 친구들 앞에 서니, 다리가 후들거리고 심장이 쿵쾅쿵쾅 뛰었다. 나는 주먹을 꽉 쥐고 용기 내어 자기소개를 했다. 발표를 마치고 자리로 돌아올 때까지 심장이 쿵쾅거렸다. 발표는 정말 떨리고 무섭다.

글감	국어 시간에 자기소개를 했다.
중심 생각	발표는 정말 떨리고 무섭다.

2 생활문

글감	영훈이에게 생일 선물을 주었다.
처음	① 친구들과 영훈이네 집에서 모였다.
가운데	② 친구들이 준비한 선물 가운데 내 것이 가장 형편없어 보였다.
	③ 영훈이에게 선물을 줄까 말까 망설였다.
끝	④ 내가 선물을 건네자, 영훈이는 맘에 든다며 좋아했다.
중심 생각	내 선물이 영훈이 마음에 들어서 다행이다.

3. 설명문

(7) 다음 자료를 바탕으로 '혈구의 종류와 역할'이라는 제목의 설명문을 쓰세요.

혈장	혈액에서 혈구를 제외한 액체 성분. 영양소와 노폐물 등 운반.
혈구	혈액의 고체 성분으로, 혈장 속에 떠다니는 세포. 적혈구, 백혈구, 혈소판이 있음.

	적혈구	백혈구	혈소판
모양	붉은색이며, 납작하고 가운데가 오목한 원반 모양.	적혈구보다 크며, 적혈구와는 다르게 모양이 다양함.	크기가 작으며, 백혈구처럼 모양이 다양함.
역할	헤모글로빈이 몸의 각 부분에 산소를 나름.	몸에 침입한 세균이나 이물질을 없앰.	상처가 났을 때 피를 응고시켜 멎게 함.

4. 논설문

(4) (1) ~ (3)의 내용을 정리하여 '비만을 예방하자'라는 주제의 논설문을 쓰려고 합니다. 다음 표의 빈칸을 채우세요.

처음	① 비만과 어린이 비만의 뜻
가운데	② 패스트푸드 섭취를 줄이자
	③ 텔레비전을 보거나 컴퓨터를 사용하는 시간을 줄이자.
	④ 외식을 줄이고 아침밥을 꼭 챙겨 먹자.
끝	⑤ 어린이 비만의 위험을 알고 비만을 예방하자

5. 독후감

처음	책에 대한 소개
가운데	기억에 남은 부분 1 + 느낌이나 생각
	기억에 남은 부분 2 + 느낌이나 생각
	기억에 남은 부분 3 + 느낌이나 생각
끝	전체적인 느낌

여기서는 기억에 남은 부분을 세 개 쓰고 있습니다. 하지만 기억에 남은 부분을 두 개, 네 개 등 자유롭게 쓸 수 있습니다.

★★★
2차 개정판

나의 생각 글쓰기 목차

내 생각을 깊게 살피는 것이

내 표현을 확실히 하는 것이다.

- 폴 뉴먼(작가)

1과 문장 쓰기

1. 문장 자세히 쓰기

2. 짧은 글 짓기

3. 문장 이어 쓰기

4. 이어 주는 말

5. 이유와 결과

1 문장 자세히 쓰기

 문장을 자세히 쓰면, 자신이 전하려는 뜻을 더 정확히 나타낼 수 있습니다. 도움말을 보고 ∨에 알맞은 말을 넣어 문장을 자세히 쓰세요.

정은이는 ∨ ∨ 현수를 만났습니다. (언제) (어디에서)

정은이는 어제 오후에 놀이터에서 현수를 만났습니다.

---

(1) 민영이는 ∨ ∨ 숙제를 했습니다. (언제) (어디에서)

_____

(2) 재훈이가 ∨ ∨ 지우개를 주웠습니다. (어디에서) (색깔)

_____

(3) 우리 식구는 ∨ ∨ 가족 여행을 다녀왔습니다. (언제) (어디로)

_____

∨에 '~처럼'을 넣어 문장을 자세히 쓰세요.

민재는 ∨ 빠르게 달려갔다.

민재는 치타처럼 빠르게 달려갔다.
_____

(4) 아기가 ∨ 뒤뚱뒤뚱 걷는다.

_____

(5) 형준이의 얼굴이 ∨ 빨개졌다.

_____

(6) 연수 머리카락은 ∨ 꼬불꼬불하다.

_____

(7) 민주의 눈동자가 ∨ 반짝거렸다.

_____

2 짧은 글 짓기

다음 그림을 보고, 낱말의 뜻을 생각하며 짧은 글을 지으세요.

웅성거렸다

친구들이 강당에 모여 웅성거렸다.

소곤거렸다

다영이가 재연이 귀에다 소곤거렸다.

(1)

① 졸았다

_____

_____

② 잤다

_____

_____

낱말의 뜻을 생각하며 짧은 글을 지으세요.

날아가는 소리	① 포르르	② 푸드덕

① 내가 다가가자 참새가 놀라 **포르르** 날아갔다.

② 독수리가 **푸드덕** 날갯짓을 하며 날아올랐다.

(2)

자면서 숨 쉬는 소리	① 새근새근	② 쿨쿨

①

②

(3)

물이 흐르거나 내리는 모습	① 졸졸	② 주룩주룩

①

②

(4)

걷는 모습	① 아장아장	② 터벅터벅

①

②

3 문장 이어 쓰기

 밑줄 친 낱말을 넣어 문장을 이어 쓰세요.

> 형우는 동물원에서 기린을 보았다.
>
> 기린은 물을 마시고 있었다.
> _____

(1) 눈이 내리는 것을 보고 누나와 나는 밖으로 뛰어나갔다.

_____

(2) 날이 더워지자 나무마다 매미가 앉았다.

_____

(3) 우리는 지난주에 바닷가로 가족 여행을 다녀왔다.

_____

(4) 아버지는 커다란 상자를 내게 내미셨다.

(5) 진우는 아버지와 함께 목욕탕에 갔다.

(6) 우리 집 옆에는 나무가 한 그루 자라고 있다.

(7) 하늘을 올려다보니 구름이 잔뜩 끼어 있었다.

(8) 어머니께서 내게 용돈을 주셨다.

4 이어 주는 말

문장을 너무 길게 쓰면, 글쓴이가 전하려는 뜻이 제대로 전달되지 않을 수 있습니다. 따라서 문장은 상대방이 이해하기 쉽도록 적당한 길이로 쓰는 것이 좋습니다.

이때 문장과 문장을 자연스럽게 연결하는 말을 '이어 주는 말'이라고 합니다. 이어 주는 말에는 '그리고, 그래서, 하지만, 그런데' 등이 있습니다.

 이어 주는 말을 이용하여, 다음 문장을 두 문장으로 나누어 쓰세요.

최선을 다해 <u>달렸지만</u> 결승선에 일등으로 도착할 수는 없었다.

① 최선을 다해 달렸다.
② 하지만 결승선에 일등으로 도착할 수는 없었다.

(1) 정은이는 꽤 오랫동안 <u>고민했지만</u> 어떤 결정도 내리지 못했다.

①
_____

②
_____

(2) 승희가 보낸 편지를 받아서 반가웠고 2년 동안 나를 잊지 않은 것이 고마웠다.

① _____

② _____

(3) 윤정이는 곤충에 대해 무척 많이 알아서 친구들에게 '곤충 박사'라고 불린다.

① _____

② _____

(4) 진형이는 방을 구석구석 뒤져 보았지만 삼촌께서 선물로 주신 필통은 찾을 수 없었다.

① _____

② _____

(5) 현성이는 친구들과 축구를 하려고 공을 가져왔는데 비가 내리는 바람에 그냥 집에 올 수밖에 없었다.

① _____

② _____

다음 낱말을 보고 떠오르는 생각을 쓰세요. 그리고 그 아래에 그렇게 생각한 이유도 적으세요.

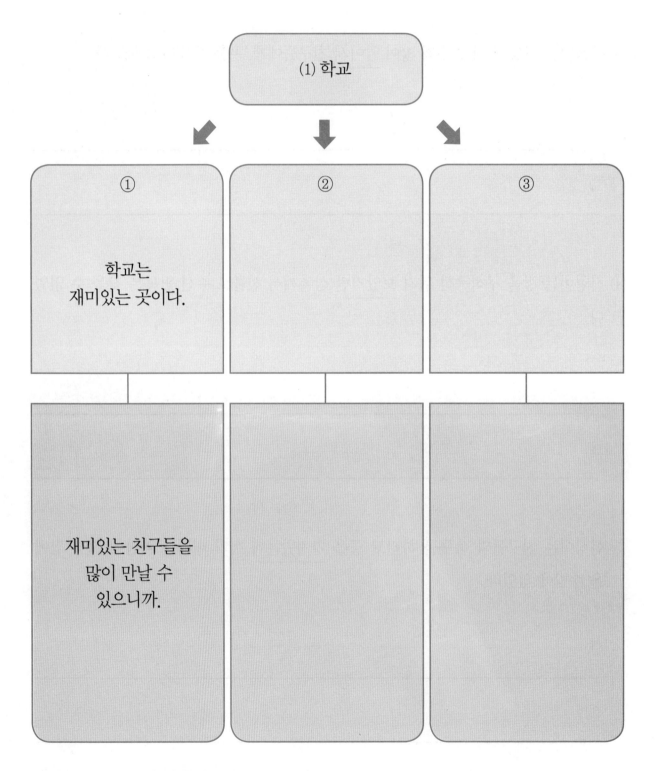

(1) 학교

① 학교는 재미있는 곳이다.

②

③

재미있는 친구들을 많이 만날 수 있으니까.

다음 문장 뒤에 이어지는 문장을 쓰세요.

| 영민이는
이가 잔뜩
썩었다. | 왜냐하면

평소에 이를 잘 닦지 않기 때문이다. |
| | 그래서

치과에 가서 치료를 받았다. |

| (2)
친구가
전학을 가게
되었다. | ① 왜냐하면 |
| | ② 그래서 |

| (3)
동생과
다투었다. | ① 왜냐하면 |
| | ② 그래서 |

| (4)
선생님께
칭찬을 받았다. | ① 왜냐하면 |
| | ② 그래서 |

| (5)
고모께
선물을 받았다. | ① 왜냐하면 |
| | ② 그래서 |

2과 문단 쓰기

1 문단이란?

긴 글을 읽다 보면, 글이 한 덩어리를 이루다가 그 뒤에는 끊어져 다음 줄에서 문장이 다시 시작되는 것을 볼 수 있습니다. 이때 문장들이 이루는 덩어리를 '문단'이라고 합니다.

이렇게 문단을 나누는 까닭은, 어떤 내용이 끝나고 다른 내용이 시작되는 것을 알리기 위해서입니다. 여기서 문단의 중심 내용을 '중심 생각'이라고 합니다. 한 문단에는 중심 생각이 하나만 담겨 있어야 합니다.

> 글쓰기 공부는 꼭 필요합니다. 생각을 글로 정리할 수 있게 도와주기 때문입니다. 또, 글쓰기 공부를 하면 하고 싶은 말을 다른 사람에게 잘 전달하는 방법도 배울 수 있습니다.

잘 쓴 문단
(중심 생각이 하나입니다.)

> 글쓰기 공부는 꼭 필요합니다. 생각을 글로 정리할 수 있게 도와주기 때문입니다. 나는 지난주 월요일부터 영어 학원에 다니고 있습니다.

잘못 쓴 문단
(중심 생각이 두 개입니다.)

다음 글에서 바르게 쓴 문단을 골라 번호에 동그라미 하세요.

(1)

① 　세종 대왕은 훌륭한 업적을 많이 남겼다. 한글을 만들어 백성들이 글을 배울 수 있게 했다. 그리고 인재를 발굴하여 측우기, 물시계 같은 과학 기구들을 만들게 했다.

② 　세종 대왕은 훌륭한 업적을 많이 남겼다. 한글을 만들어 백성들이 글을 배울 수 있게 했다. 이성계는 1392년에 고려를 무너뜨리고 조선을 건국했다.

(2)

① 　동물은 여러 방법으로 적에게서 자신을 지킨다. 카멜레온은 몸 색깔을 주위와 비슷하게 바꾸어 자신을 감춘다. 외국에서 들여온 동물들이 우리나라의 생태계를 위협하고 있다.

② 　동물은 여러 방법으로 적에게서 자신을 지킨다. 카멜레온은 몸 색깔을 주위와 비슷하게 바꾸어 자신을 감춘다. 스컹크는 독한 방귀 냄새를 풍겨서 적을 쫓아낸다.

2 중심 문장과 뒷받침 문장

　문단에서 중심 생각을 가장 두드러지게 나타낸 문장을 '중심 문장'이라고 합니다. 중심 문장은 문단의 맨 앞부분에 있는 경우가 많지만, 글의 가운데나 뒷부분에 있을 수도 있습니다.

　중심 문장을 자세하게 설명하거나 근거를 제시하는 문장을 '뒷받침 문장'이라고 합니다. 뒷받침 문장은 한 문단 안에 여러 개가 있을 수 있습니다.

> ∨ <u>식물이나 동물에서 얻은 실을 천연 섬유라고 한다.</u> '면'은 목화씨에 붙어 있는 솜에서 뽑는다. '모'는 동물의 털에서 뽑은 실이다.
>
> ∨ <u>합성 섬유는 석탄, 석유 등으로 만든 실이다.</u> 여기에는 폴리에스테르, 나일론 등이 있다. 합성 섬유는 천연 섬유에 비해 가볍고 튼튼하며 잘 구겨지지 않는다.

밑줄 친 문장은 중심 문장이고, 다른 문장들은 뒷받침 문장입니다.

　문단을 새로 시작할 때에는 줄을 바꾸어 씁니다. 그리고 ∨표처럼 첫 칸을 비우고 씁니다. 이는 문단과 문단을 구분하는 표시로, 독자들이 글을 쉽게 읽도록 도와줍니다.

다음 문단에서 중심 문장을 찾아 밑줄을 그으세요.

친한 친구 사이에도 지켜야 할 예절이 있다. 아무리 친하고 편한 사이여도 서로 험한 말이나 욕을 해서는 안 된다. 또 사소한 약속이라도 꼭 지키려고 노력해야 한다.

(1)

철새란 계절에 따라 사는 곳을 옮기는 새를 말한다. 우리나라에서 여름을 보내고 가을에는 따뜻한 남쪽으로 이동하는 새를 여름 철새라고 한다. 반대로, 겨울 동안 우리나라에서 지내다가 날이 따뜻해지면 북쪽으로 가는 새를 겨울 철새라 부른다.

(2)

동해의 울릉도는 화산 폭발로 생겨난 섬으로, 이곳에서 잡은 오징어가 유명하다. 서해에는, 우리나라의 가장 북쪽에 있는 섬 백령도와 국제 공항이 있는 영종도 등이 있다. 남해의 제주도는 우리나라에서 제일 큰 섬이자, 가장 유명한 관광지다. 우리나라는 삼면이 바다로 둘러싸여 섬이 많다.

다음 문단에서 불필요한 문장을 찾아 밑줄을 그으세요.

명절에는 맛있는 음식을 만들어 이웃이나 친척들과 나누어 먹는다. 설날에는 떡국을 끓이고, 추석에는 가족들과 함께 송편을 빚어 정을 나눈다. 동지는 일 년 중 낮이 가장 짧고, 밤이 제일 긴 날이다.

(3)

칫솔질을 바르게 해야 이를 건강하게 지킬 수 있다. 세수를 할 때에는 얼굴에 묻은 비눗물을 잘 씻어 내야 한다. 칫솔을 세워서 입안 구석구석을 닦아야 한다. 이를 닦은 뒤 혀도 닦는 것이 좋다.

(4)

갯벌은 육지와 바다 사이에서 그 둘을 보호한다. 갯벌은 강에서 흘러오는 오염 물질들이 바다로 흘러가지 못하게 막는다. 또 바다에서 태풍이나 큰 파도가 오면 이를 먼저 막아 육지의 피해를 줄여 준다. 우리나라는 동쪽, 서쪽, 남쪽에 바다가 있다.

다음 자료를 이용해 주어진 문장의 뒷받침 문장을 쓰세요.

(5)

국경일: 나라의 경사를 기념하기 위해 국가에서 법률로 정한 날.

① 광복절
· 의미: 우리나라의 광복을 기념하려고 정한 날.
· 날짜: 8월 15일.

② 제헌절
· 의미: 우리나라의 헌법을 만든 것을 기념하려고 정한 날.
· 날짜: 7월 17일.

* 경사: 축하할 만한 기쁜 일.
* 광복: 빼앗긴 주권(국가의 중요한 일을 결정하는 권력)을 되찾음.

	국경일이란 나라의 경사를 기념하기 위해 국가에서 법률로 정한 날이
다	. 광복절은 우리나라의 광복을 기념하려고 정한 날로, 8월 15일이다. 제
헌	절은

3 문단 만들기

다음 문장들을 읽고 중심 문장이 가장 앞에 오게 하여 문단을 만드세요.

- 수민이는 내가 가지고 싶어 하던 볼펜을 주었다.
- 이번 생일에 여러 선물을 받았다.
- 부모님께서는 예쁜 신발을 선물로 주셨다.

이번 생일에 여러 선물을 받았다. 부모님께서는 예쁜 신발을 선물로 주셨

다. 수민이는 내가 가지고 싶어 하던 볼펜을 주었다.

---

(1)

- 봄에는 따뜻하며, 여름에는 덥고 습하다.
- 가을에는 시원하며, 겨울에는 춥고 건조하다.
- 우리나라는 봄, 여름, 가을, 겨울의 특징이 뚜렷하다.

(2)

- 박물관에서 뛰어다니면 친구들이 관람하는 데에 방해가 될 수 있다.
- 공공장소에서는 남에게 피해를 주는 행동을 해서는 안 된다.
- 놀이터에서 큰 소리로 떠들면 사람들이 불쾌할 수 있다.

4 문단 나누기

 빗금(/)을 그어 다음 글을 두 문단으로 나누세요.

시장이 있어서 우리는 우리 지역에서 나지 않는 물건을 다른 지역에서 들여와 필요할 때 살 수 있다. 만약 시장이 없다면 산촌에 사는 사람들은 고등어를 구하러 바닷가 어촌까지 다녀와야 할 것이다. / 시장은 열리는 시기에 따라 정기 시장과 상설 시장으로 나뉜다. 정해진 날짜에 열리는 것을 정기 시장, 일년 내내 열리는 것을 상설 시장이라 한다.

(1)

포도는 종류가 많다. 다 익어도 푸른색을 띠는 청포도, 알이 굵고 수분이 많은 거봉, 알이 작고 씨가 많은 머루 등이 모두 포도다. 포도를 이용해 만든 음식에도 여러 종류가 있다. 포도에 설탕을 넣고 끓여 만드는 포도잼, 포도를 말린 건포도, 포도를 짜 포도즙을 낸 뒤 거기에 단맛을 더한 포도 주스 등이 있다.

(2)

봄이 오면 날씨가 따뜻해진다. 새싹들이 땅 위에 모습을 드러내고 무럭무럭 자라기 시작한다. 또 겨울잠을 자던 동물들도 깨어나 활동을 시작한다. 가을이 되면 날씨는 다시 추워진다. 여름 동안 파릇파릇했던 나뭇잎들은 울긋불긋하게 변하거나 땅으로 떨어진다. 선선하고 맑은 날이 많아서 가족들과 함께 여행을 가기 좋은 계절이다.

(3)

학용품을 아껴 쓰면 용돈을 절약할 수 있다. 우리는 부모님께서 주시는 용돈으로 학용품을 산다. 그러므로 학용품을 살 일이 줄어들면 그만큼 용돈을 절약하여 저축도 할 수 있고 남은 돈을 다른 곳에 쓸 수 있다. 학용품을 아껴 쓰면 환경을 보호할 수 있다. 우리가 사용하는 학용품은 자원을 이용하여 만든다. 연필을 만들려면 나무와 석탄이 필요하다. 필통 같은 플라스틱 제품을 만드는 데에는 석유 등이 쓰인다. 따라서 학용품을 아끼는 것만으로도 자원을 절약하여 환경을 지킬 수 있다.

'책을 많이 읽자'라는 주제로 쓴 글입니다. 빗금(/)을 그어 다음 글을 두 문단으로 나눈 뒤, 각 문단의 중심 내용을 쓰세요.

(4)

책을 많이 읽으면 다양한 것을 간접적으로 경험할 수 있다. 경험은 사람을 성숙하게 하고, 살아가는 데에 필요한 지식과 요령을 터득하게 한다. 하지만 키, 나이 등 조건이 안 되거나 위험해서 직접 경험하기 어려운 것도 있다. 이럴 때 독서를 통하여 간접적으로 경험할 수 있다. 독서는 글쓰기 공부에도 도움이 된다. 책을 읽다 보면 몰랐던 낱말을 알 수 있다. 또 좋은 문장이나 인상 깊은 표현을 보며 표현력을 기를 수 있다.

| 문단 1
중심 내용 | ① |
| 문단 2
중심 내용 | ② |

3과 원고지 사용법

1 제목, 소속, 이름 그리고 첫 문장 쓰기

원고지에 글을 쓸 때에는, 글의 제목과 자신의 소속(학교, 학년, 반), 이름을 먼저 적습니다.

	1→	2→	3→	4→	5→
		'아리나라의 철새'를 읽고	서울대한초등학교	2학년 5반 박민수	

1. 원고지의 맨 윗줄은 비웁니다.

2. 둘째 줄 가운데에 제목을 씁니다.

3. 셋째 줄에는, 뒤에 두 칸을 비우고 학교 이름을 씁니다.

4. 넷째 줄에는, 뒤에 두 칸을 비우고 학년, 반, 이름을 씁니다.

5. 본문 시작 전에 한 줄을 비웁니다.

(1) 다음 내용을 원고지에 옮겨 쓰세요.

- 제목: 잠꾸러기
- 소속과 이름: 서울 훈민 초등학교 3학년 1반 성민국
- 첫 문장: 내 동생 별명은 잠꾸러기다.

잠

훈

민

잠

내

본문 첫 문장은 첫 칸을 비우고 씁니다.

문장이 길어 다음 줄로 넘어갈 때에는, 띄어 써야 하더라도 띄우지 않고 첫 칸부터 씁니다. 그 대신 오른쪽 여백에 ∨표시를 합니다.

∨	아	침	에		일	어	나	니		똑	똑		비	가		떨	어	지	고	>
있	습	니	다	.		오	늘	은		소	풍	을		가	는		날	인	데	>
큰	일	입	니	다	.															

(2) 다음 글을 원고지에 옮겨 쓰세요.

우리는 내일 설악산으로 가족 여행을 갈 예정입니다. 바다에도 갈 것입니다.

								설					여
								바					다	.

1. 마침표(.)와 쉼표(,)는 칸의 왼쪽 아래에 씁니다. 마침표와 쉼표를 쓴 뒤에는 바로 다음 칸에 글을 이어 씁니다.

나	는		과	일	을		좋	아	합	니	다	.		그		가	운	데	에
서	도		사	과	,		귤	을		더		좋	아	합	니	다	.		

2. 물음표(?)와 느낌표(!)는 칸의 가운데에 씁니다. 물음표와 느낌표 뒤에는 한 칸을 비우고 글을 이어 씁니다.

어	머	니	!		그	동	안		제	가		말	썽	을		많	이
피	워	서		힘	드	셨	지	요	?		죄	송	합	니	다	.	

3. 말줄임표(……)는 한 칸에 점을 세 개씩 나누어 씁니다. 말줄임표를 쓴 다음 칸에는 마침표를 씁니다.

아	침	에		일	어	나	니		똑	똑		비	가		내	리	고	
있	다	.		소	풍	을		가	는		날	인	데	…	…	.		

(1) 다음 문장을 원고지에 바르게 옮겨 쓰세요.

이럴 수가! 또 늦고 말았다. 정말 난 왜 이렇게 잠이 많을까? 어제, 오늘 계속 지각이다. 오늘은 꼭 학교에 일찍 가겠다고 다짐했는데...... 오늘은 자기 전에 꼭 자명종 시간을 맞춰 놓아야지!

* 자명종: 미리 정해 놓은 시각이 되면 저절로 소리가 나도록 장치가 되어 있는 시계.

1. 대화 내용은 줄을 바꾸어 큰따옴표 안에 씁니다. 대화가 끝나면 다시 줄을 바꾸어 다음 내용을 적습니다.

2. 큰따옴표와 작은따옴표는 첫 칸을 비우고 씁니다.

3. 대화 내용이 길어져 줄이 바뀔 때에는, 대화 내용이 끝날 때까지 그 줄이 첫 칸을 비우고 둘째 칸부터 씁니다.

4. 마침표와 따옴표는 한 칸에 함께 씁니다. 이때 마침표는 왼쪽 아래에, 따옴표는 오른쪽 위에 씁니다. 물음표와 느낌표를 쓴 뒤에는 그다음 칸에 따옴표를 따로 씁니다.

5. 대화 뒤에 '라고, 하고, 라며, 하며' 등으로 문장이 이어지면, 그 내용은 줄을 바꾼 뒤 첫 칸을 비우지 않고 씁니다.

오	늘	아	침	에	학	교	에	가	는	데		
	"	현	성	아	,	같	이	오	늘	내	생	일 인
데	니	선	물	가	져	왔	어	? "				
하	며	민	제	가	어	깨	동	무	를	했	다	.

6. 대화 뒤에 문장을 새로 시작할 때에는 첫 칸을 비우고 씁니다.

아	침	에		학	교	에		가	는	데		누	군	가		나	를
불	렀	다	.
"	현	성	아	,		같	이		가	자	.		오	늘		내		생	일	인
데		선	물		가	져	왔	어	?	"
민	재	가		어	깨	동	무	를		했	다	.

(1) 다음 문장을 원고지에 바르게 옮겨 쓰세요.

등굣길에 현성이를 만났다.

"현성아, 내 생일 선물 가져왔어?"

현성이는 아무 말도 하지 않았다.

---

7. 한 줄의 마지막 칸 뒤에 문장 부호를 적어야 할 때에는,

① 마침표와 쉼표는 마지막 칸에 글자와 함께 쓰거나 오른쪽 여백에 따로 나타냅니다.

② 물음표와 느낌표는 오른쪽 여백에 씁니다.

내일은 내 짝꿍인 이민제의 생일이다.

민제는 분히 선물을 달라고 할 텐데

내가 무엇을 주어야 민제가 좋아하련나?

8. 숫자는 한 칸에 두 자씩 씁니다.

한	글	날	은	10	월	9	일	입	니	다	.

(2) 다음 문장을 원고지에 바르게 옮겨 쓰세요.

우리 할아버지는 1945년 8월 15일에 태어나셨습니다. 바로 광복절입니다. 그날, 우리나라의 사람들은 얼마나 기뻤을까요?

					월						
				광							
										사	

4과 편지

1 반말과 높임말

 다음 편지 두 편을 읽고 물음에 답하세요.

[가]

아버지께

아버지, 저 정호예요.

어제 멋진 축구화 사 주셔서 감사해요. 친구들이랑 축구 할 때마다 운동화를 신어서 발이 좀 아팠는데 이제는 안 아플 것 같아요. 게다가 색깔이랑 모양이 제가 생각한 것보다 훨씬 멋져요. 친구들이 부러워할 것 같아요.

앞으로는 축구도, 공부도 열심히 할게요. 아버지, 사랑해요.

10월 13일
아들 정호 올림

[나]

엄마에게

엄마, 나 현주.

아까 동생이랑 싸워서 미안. 너무 까불어서 꿀밤 한 대 때렸는데 성주가 대들어서 싸운 거야.

앞으로는 덜 싸울게. 엄마도 너무 걱정하지 마.

10월 15일
현주가

(1) [가]와 [나] 가운데 높임말을 제대로 쓰지 <u>않은</u> 편지는 어느 것인가요?

_____

(2) 높임말을 알맞게 써서 [나] 편지를 고쳐 쓰세요.

다른 사람에게 하고 싶은 이야기를 적어 보내는 글을 '편지'라고 합니다. 편지는 보통 형식이 정해져 있습니다.

> 정아에게
>
> 정아야, 나 준호야.
>
> 어제 생일 선물 줘서 고마워. 그동안 내가 너한테 장난만 쳐서 네가 선물을 줄 줄은 정말 몰랐어.
>
> 선물을 보니까 진짜 누가 줬는지 딱 알겠더라. 너처럼 귀여운 연필이랑 지우개 꼭 가지고 다니면서 잘 쓸게.
>
> 이제는 장난 줄일게. 그리고 너한테 무슨 일 있으면 꼭 도와줄게. 앞으로 더 친하게 지내자.
>
> 10월 21일
> 친구 준호가

편지 받을 사람을 씁니다.

자연스럽게 인사합니다.

언제, 어떤 일이 있었으며, 어떤 생각을 했는지 '하고 싶은 말을 씁니다.

끝인사를 합니다.

쓴 날짜를 적습니다.

쓴 사람을 적습니다. 웃어른에게는 이름 뒤에 '올림'이나 '드림'을 씁니다.

첫인사를 쓰는 몇 가지 방법입니다.

1. 자주 만나는 사람에게 하는 첫인사

　- 어색하지 않게, 짧고 간단하게 씁니다.

재민이에게

재민아, 나 민호야.

어제 색종이 빌려줘서 고마워. 네가 빌려주지 않았으면 수업 시간에 아무것도 못 했을 거야.

나도 다음에 꼭 너 도와줄게. 안녕.

10월 22일

친구 현수가

2. 가끔 만나거나 오랫동안 만나지 못한 사람에게 하는 첫인사

　- 상대방의 안부를 묻습니다.

주현이에게

주현아, 안녕? 나 현수야. 겨울이 왔는데 감기는 안 걸리고 잘 지내는지 궁금하다.

네가 전학을 간지 벌써 석 달이나 지났어. 너희 집 근처 지날 때마다 너 생각이 나더라. 방학하면 꼭 놀러 와.

그럼 그때까지 안녕.

10월 23일

친구 현수가

3 어버이날 편지

다음 글을 참고하여 부모님께 편지를 쓰세요.

오늘은 5월 8일입니다. 어버이날을 맞아 학교 국어 시간에 '부모님께 편지 쓰기'를 하였습니다. 성규는 어머니께 편지를 썼습니다.

> 어머니께
>
> 어머니, 저 성규예요.
>
> 어제 어머니께서 게임 그만하고 숙제부터 하라고 하셨을 때 문을 세게 닫고 들어가서 죄송해요. 게임을 너무 하고 싶어서 그랬어요.
>
> 앞으로는 스스로 숙제 잘하는 착한 아들이 될게요.
>
> 어머니, 어버이날 축하드려요. 저를 키워 주시고 저와 재미있게 놀아 주셔서 감사해요. 사랑해요.
>
> 5월 8일
>
> 어머니를 사랑하는 아들 성규 올림

어버이날 편지의 '하고 싶은 말' 부분에는 최근에 부모님과 겪은 일을 쓰는 것이 좋습니다. 그리고 '끝인사' 부분에 부모님께 감사하는 마음을 표현합니다.

(1)

4 부탁 편지

 다음 글을 읽고 물음에 답하세요.

진희가 어제 학교 수업을 마치고 집에 올 때였습니다. 진희는 자전거를 타고 가던 지은이를 만났습니다.

"진희야, 이 자전거 어때? 아버지께서 어제 사 주셨어. 예쁘지?"

분홍색 자전거가 무척 예뻤습니다. 진희는 지은이가 부러웠습니다. 그래서 아버지께 사 달라고 부탁하고 싶었습니다.

집에 도착한 진희는, 어떻게 하면 아버지께서 자전거를 사 주실지 고민해 보았지만 좋은 생각이 떠오르지 않았습니다. 그래서 어머니께 여쭈어 보았습니다.

"어떻게 하면 아버지께서 자전거를 사 주실까요?"

"글쎄. 편지를 써 보면 어떨까?"

"편지를 쓴다고 아버지께서 사 주실까요?"

"진심을 담아서 정성스럽게 쓰면 사 주시지 않을까?"

진희는 어머니 말씀을 듣고 아버지께 편지를 써 보았습니다.

> 아버지께
>
> 아버지, 저 진희예요.
>
> 어제 수업 마치고 집에 오다가 지은이를 만났어요. 아버지께

서 자전거를 사 주셨다며 지은이가 자랑하더라고요. 엄청 부러 웠어요. 저도 자전거가 있으면 학교도 편하게 다니고, 지은이랑 자전거를 타며 재미있게 놀 수 있을 것 같아요.

안전한 곳에서 탈게요. 그리고 차가 오는지 잘 살피고 조심히 다닐게요. 또 학교 다녀오면 바로 숙제하고 방 정리도 잘 할게요. 자전거 꼭 사 주세요.

10월 17일

아버지를 사랑하는 딸 진희 올림

(1) 진희는 아버지께 무엇을 부탁했나요?

_____

(2) 부모님이나 다른 어른께 부탁하고 싶은 내용으로 다음 표의 빈칸을 채우세요.

누구에게	
부탁할 일	

(3) 앞의 표에 적은 내용으로 부탁 편지를 쓰세요.

5과 일기

일기는, 자신이 그날 겪은 일 가운데 한 가지를 골라 쓴 글입니다. 일기에는 그 일이 어떻게 일어났는지 자세히 적고, 그 일을 겪으며 어떤 느낌이 들었는지, 무슨 생각을 했는지 씁니다.

우리는 하루에 여러 일을 겪습니다. 매일 겪는 일도 있고, 그날 하루만 특별히 겪은 일도 있습니다. 그 일을 겪으며 특별한 느낌이나 생각이 들었다면 그날 겪은 일 가운데 무엇이든 일기로 쓸 수 있습니다.

여기서 겪은 일을 '글감'이라고 하고, 그 일을 겪으며 든 느낌이나 생각을 '중심 생각'이라고 합니다.

글감	오후에 우산이 없어서 비를 맞으며 집에 왔다.
중심 생각	어머니 말씀을 듣지 않은 것을 후회했다.

글감	집에 오는 길에 불쌍한 새끼 고양이를 보았다.
중심 생각	새끼 고양이가 엄마를 찾아 다행이다.

6월 21일 월요일   아침엔 빗방울 뚝뚝

불쌍한 고양이

"야옹 야옹."

학교 수업을 마치고 집에 오는데 새끼 고양이가 우리 아파트 앞 화단에서 울고 있었다. 엄마 고양이를 잃어버렸는지 혼자 있는 모습이 슬퍼 보였다. 집에 데리고 와서 돌보고 싶었지만 그러면 부모님께 혼날 것 같았다. 그래서 어쩔 수 없이 혼자 집에 들어왔다.

숙제를 하려고 공책을 펼쳤다. 하지만 새끼 고양이가 걱정되어 숙제를 할 수가 없었다. 한참 망설이다가 고양이가 있던 곳에 다시 가 보았다. 그런데 새끼 고양이가 보이지 않았다.

'어디 갔지? 벌써 죽었으면 어쩌지?'

걱정이 되었다. 차에 치이지는 않았나, 어떤 사람이 키우려고 데리고 갔나, 별별 생각이 다 들었다. 그때 옆에서 고양이 울음소리가 들려왔다.

소리 나는 쪽으로 가 보니 아까 그 고양이가 어미로 보이는 고양이와 같이 있었다. 새끼 고양이가 어미 고양이를 찾아 정말 다행이라고 생각했다.

다음 일기를 읽고, 글감과 중심 생각을 적으세요.

(1)

6월 22일 화요일   하루 내내 비

달팽이

오후에 동생이 키우는 달팽이를 살펴보았다. 그동안은 징그러워서 쳐다보지도 못했었는데 어떻게 생겼는지 궁금해서 용기를 내 보았다.

뽀얀 몸 위에, 소라처럼 생긴 껍데기를 지고 있었다. 머리에는 더듬이가 네 개 있는데, 위의 두 개는 길고, 아래 달린 두 개는 짧았다. 책에서 찾아보니 긴 더듬이 끝에는 눈이 있다고 했다. 달팽이는 몸통을 꾸물꾸물 움직이며 이동했다. 그때 동생이 와서 상추를 제일 잘 먹는다고 알려 주었다.

그렇게 한참 지켜보았더니 달팽이가 징그럽기보다 오히려 귀여워 보였다.

글감	
중심 생각	

(2)

6월 23일 수요일 해가 구름에 가려진 날

설거지

　학원 수업을 마치고 집에 와서 개수대(싱크대)를 보니 설거지할 그릇이 잔뜩 쌓여 있었다. 설거지를 하면 어머니께서 깜짝 놀라실 것 같아서 해 놓기로 했다.

　전에도 몇 번 해 보았기 때문에 그리 어렵지는 않았다. 책 몇 권을 바닥에 쌓고 그 위에 올라가 고무장갑을 끼고 수세미에 세제를 묻혔다. 수세미로 그릇을 하나하나 문지르고 물로 깨끗이 헹구었다. 다 끝냈다고 생각했는데 개수대 여기저기에 거품이 묻어 있었다. 그래서 행주를 꺼내어 거품을 닦고 행주도 깨끗이 빨아 놓았다.

　어머니께서 퇴근하고 돌아오셔서 젖은 옷과 개수대를 번갈아 보시더니 나를 꼭 안아 주셨다.

　어머니께서 좋아하시는 모습을 보니 정말 뿌듯했다.

글감	
중심 생각	

3 자세히 써요

일기에는 어떤 일이 있었는지 자세히 쓰는 것이 좋습니다.

① 친구들과 나비를 보았다. (친구들 이름)

희진이, 민정이와 나비를 보았다.

 밑줄 친 낱말을 자세히 쓰세요.

(1) 친구가 우리 집에 놀러 왔다. (친구 이름)

_____

(2) 저녁에 과일을 먹었다. (과일 종류)

_____

(3) 현진이에게 학용품을 빌려주었다. (학용품 종류)

_____

② 희진이, 민정이와 <u>나비</u>를 보았다. (나비 색깔)

희진이, 민정이와 노란 나비를 보았다.

 밑줄 친 낱말 앞에 꾸미는 말을 넣어 문장을 자세히 쓰세요.

(4) <u>꽃</u>이 활짝 피었다. (꽃 색깔)

_____

(5) 현주가 <u>지우개</u>를 잃어 버렸다. (지우개 모양)

_____

(6) 민영이가 <u>물</u>을 마셨다. (물 온도)

_____

(7) 수현이가 <u>하늘</u>을 올려다보았다. (하늘 상태)

_____

③ ∨ 희진이, 민정이와 노란 나비를 보았다.

점심시간에 운동장에서 희진이, 민정이와 노란 나비를 보았다.

 ∨ 에 '언제', '어디에서'를 넣어 문장을 자세히 쓰세요.

(8) 동생이 ∨ 방귀를 뀌었다.

_____

(9) 우리 반 친구들과 ∨ 피구를 했다.

_____

(10) 재현이는 ∨ 진수를 만났다.

_____

(11) ∨ 새들의 노랫소리가 들려왔다.

_____

4 현수의 하루

 다음 글을 읽고 물음에 답하세요.

8시가 넘었는데 현수는 아직도 꿈속입니다. 어머니께서 깨우셨지만 일어나기 싫어서 이불 속에서 한참을 꼼지락거렸습니다. 그렇게 게으름을 피우다 시계를 보니 학교에 지각을 하게 될 것 같았습니다.

현수는 아침밥도 못 먹고, 세수도 하는 둥 마는 둥 하고는 가방을 메고 뛰기 시작했습니다. 그런데 얼마 못 가 구겨 신은 신발이 벗겨지면서 고꾸라지고 말았습니다. 손바닥과 무릎에서 피가 나는 것을 보니 더 아픈 것 같았습니다. 현수는 게으름 피운 것을 후회했습니다.

1교시에는 자석 실험을 했습니다.
"자, 종이 위에 철가루를 뿌리고 자석을 대어 보세요."
선생님 말씀을 따라 종이 위에 철가루를 뿌리고 자석을 갖다 대자, 철가루가 자석에 달라붙었습니다.

자석에 풀이 묻은 것도 아닌데 철가루가 붙어 자석이 움직이는 대로 따라오는 걸 보니 신기했습니다. 현수는 앞으로도 학교에서 이렇게 재미있는 실험을 많이 하면 좋겠다고 생각했습니다.

현수가 수업을 마치고 집을 향해 걷고 있었습니다. 한 할머니께서 무거운 짐을 양손 가득 드신 채로 힘겹게 걸어가고 계셨습니다.

"할머니, 이 짐 제가 들어 드릴게요."

현수는 할머니께 다가가 짐 하나를 들어 드렸습니다. 그러고는 할머니께서 가시는 버스 정류장까지 함께 걸어갔습니다.

"아이고, 마음씨도 착하고 힘도 세구나. 고마워요."

할머니께서 현수에게 고맙다고 말씀하셨습니다. 그리고 봉지에서 귤 하나를 꺼내 주셨습니다.

현수는 할머니를 도와드린 행동이 자랑스러웠습니다.

현수가 집에 도착했을 때 집에는 아무도 없었습니다. 부모님 두 분 다 직장에 다니셔서 저녁이 되어야 돌아오시기 때문입니다. 항상 있는 일이지만 오늘따라 집이 더 조용하고 어두운 것 같았습니다.

"우르릉 쾅쾅!"

갑자기 창밖에서 커다란 소리가 났습니다. 굵은 빗방울이 쏟아지더니 천둥이 다시 울렸습니다. 현수는 너무 무서웠습니다. 창문이 깨지고 집이 무너질 것 같은 생각이 들었습니다. 또 방에서 괴물이 나올 것 같기도 했습니다. 부모님께서 빨리 오시면 좋겠다고 생각했습니다.

자신을 현수라고 생각하고, 앞 이야기로 일기의 글감과 중심 생각을 정하여 다음 표에 쓰세요.

(1)

글감	등굣길에 고꾸라졌다.
중심 생각	

(2)

글감	
중심 생각	

(3)

글감	
중심 생각	

(4)

글감	
중심 생각	

61쪽에 쓴 글감과 중심 생각 가운데 두 개를 선택하여 일기 두 편을 쓰세요.

(5)

	월 일 요일 날씨:
	제목:

(6)

월   일   요일   날씨:

　　　제목:

(1) 오늘 자신에게 언제, 어떤 일이 있었는지 다음 빈칸에 쓰세요. 오늘 겪은 일이 떠오르지 않으면 최근의 일을 적어도 좋습니다.

때	있었던 일
아침밥 먹을 때	김치를 먹기 싫은데 어머니께서 자꾸 먹으라고 하셨다.
학교에 갈 때	학교에 가려고 집을 나서는데 배가 아파서 화장실에 갔다.

⑵ 자신이 오늘 느꼈던 감정과 그 감정이 들었을 때 있었던 일을 빈칸에 쓰세요. 오늘 겪은 일이 떠오르지 않으면 최근의 일을 적어도 좋습니다.

감정	있었던 일
화가 났다	어머니는 핸드폰으로 게임을 하시면서 나에게는 게임을 하지 말라고 하셨다.

6 일기를 써요

(1) 64쪽에 쓴 내용 가운데에서 글감과 중심 생각을 정해 일기를 쓰세요.

월 일 요일 날씨:	
제목:	

(2) 65쪽에 쓴 내용 가운데에서 글감과 중심 생각을 정해 일기를 쓰세요.

월   일   요일   날씨:

제목:

6과 생활문

'생활문'과 '일기'는 자신이 직접 겪은 일을 적은 글이라는 공통점이 있습니다.

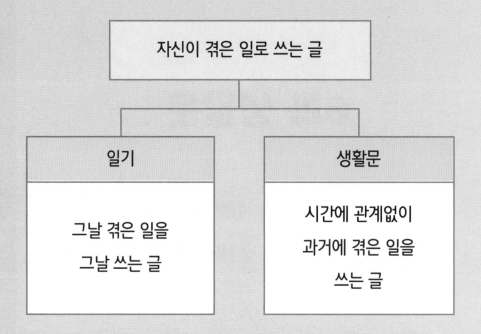

일기와 마찬가지로, 생활문도 쓰기 전에 글감과 중심 생각을 정합니다. 글감은 과거 어느 날에 겪은 일이고, 중심 생각은 그 일을 겪으며 든 느낌이나 생각입니다.

중심 생각이 잘 드러나게 하기 위해서는 겪은 일의 줄거리를 잘 만들어야 하고, 줄거리에 따라 그 일을 자세히 표현해야 합니다.

다음 생활문을 3~4부분으로 나눈 뒤, 각 부분의 내용을 정리하여 쓰세요.

아주머니, 죄송해요

지난달, 할머니 생신날이었다. 생신을 축하드리러 식구들과 함께 식당에 갔다. 친척 어른들께서 많이 와 계셨다. 할머니께 생신 축하 인사를 드리고 친척 어른들께도 인사한 뒤에 자리에 앉았다.

식탁에는 갈비부터 잡채, 생선 등 내가 좋아하는 음식이 많았다. 사촌 동생 정민이를 만나 반갑게 인사하고는 옆에 앉아서 밥을 먹었다.

밥을 다 먹고는 식당 밖에 있는 놀이터에 가서 놀려고 정민이와 뛰어나갈 때였다. 나는 그만 음식을 나르시던 식당 아주머니와 부딪쳤다. 그래서 아주머니께서 들고 계시던 음식이 모두 바닥에 쏟아졌다. 아주머니는 무척 당황하시며 나에게 다친 곳 없냐고 물어보셨다. 부모님도 깜짝 놀라 내 옆으로 오셨다. 그러고는 바닥에 엎질러진 반찬들과 흩어진 그릇을 아주머니와 함께 치우셨다.

"아주머니, 죄송해요."

나와 정민이는 어쩔 줄 몰라 멍하니 서 있었다. 부모님은 아주머니께 사과하시고는 우리를 불러 혼내셨다.

다음부터 식당에서는 절대 장난치거나 뛰어다니지 않겠다고 다짐했다.

(1)

글감	할머니 생신날 식당 아주머니와 부딪쳤다.
줄거리	①
	②
	③
	④
중심 생각	

동글이

"우리 햄스터가 새끼 낳았는데, 너 한 마리 줄까?"

한 달 전 개교기념일이었다. 성현이가 햄스터 한 마리를 주었다. 하얀 털에 갈색 점이 드문드문 나 있는 새끼 햄스터였다.

"이제부터 네 이름은 '동글이'야."

그날 하루는 무척 바빴다. 동글이의 집을 만들어 청소도 했고 밥도 챙겨 주었다. 다행히도 햄스터는 야행성이라 내가 학원에 가 있는 동안에는 쿨쿨 잠을 잤다.

오후에 학원에서 돌아왔는데 동글이가 보이지 않았다. 동글이를 찾으려고 소파 아래, 침대 틈 등 온 집 안을 샅샅이 뒤졌다. 정신없이 찾아 헤매고 있을 때 어머니께서 걱정스러운 얼굴로 말씀하셨다.

"너 학원에 가 있는 동안 청소하려고 잠깐 문을 열어 놓았는데 그때 나간 모양이야."

참았던 눈물이 흘러내렸다. 그 작은 녀석이 누군가에게 밟히지는 않았을지, 고양이에게 잡아먹히지는 않았을지 걱정되었다.

* 야행성: 낮에는 쉬고 밤에 활동하는 동물의 습성.

(2)

글감	
줄거리	①
	②
	③
	④
중심 생각	

2 생활문에 대화 넣기

생활문을 쓸 때, 자신이나 상대방이 한 말을 적으면 그 상황을 훨씬 생생하게 나타낼 수 있습니다.

1. 대화는 큰따옴표(" ")를 써서 나타냅니다.

	"성규야, 이거 받아."

2. 대화를 적을 때에는, 쓰던 줄을 바꾼 뒤 첫 칸을 비우고 씁니다.

	누가 뒤에서 어깨를 톡톡 두드렸다.
∨	"성규야, 이거 받아."

3. 대화 내용이 길어 두 줄 이상 될 때에는, 그 대화가 끝날 때까지 계속 첫 칸을 비우고 씁니다.

	누가 뒤에서 어깨를 톡톡 두드렸다.
∨	"성규야, 이거 아까 너한테 주려고 했는데 집에 일찍 간 줄 알았
∨	어. 자, 이거 받아."
	민아가 생일 선물을 주었다.

다음은 생활문의 한 부분입니다. 왼쪽 글의 밑줄 친 부분을 빈칸에 알맞게 옮겨 쓰세요.

책을 읽고 있는데 주방에 계시던 어머니께서 나를 부르시더니, 가게 가서 두부 한 모를 사다 달라고 심부름을 시키셨다.	책을 읽고 있는데 주방에 계시던 어머니
	께 서 심부름을 시키셨다.
	"성현아, 가게 가서 두부 한 모 사다 주겠
	니?

* 모: 두부나 묵 같은 것을 세는 말.

(1)

지난 주말에 가족회의를 했다. 가족 여행 장소를 정하는 것이 안건이었다. 아버지는 동해로, 어머니는 설악산으로 가자고 하셨다. 나는 제주도에 가고 싶다고 의견을 밝혔다.	지난 주말에 가족회의를 했다. 가족 여
	행 장소를 정하는 것이 안건이었다. 아버
	지 는 동해로, 어머니는 설악산으로 가자
	고 하셨다. 나는
	하 고 의견을 밝혔다.

(2)

우리 강아지 초코가 아침부터 낑낑거렸다. 그래서 아버지와 함께 동물병원에 갔다. 나는 의사 선생님께 목에 뭐가 걸렸는지 초코가 아침부터 낑낑거린다고 말씀드렸다.

	우리 강아지 초코가 아침부터 낑낑거
렸	다. 그래서 아버지와 함께 동물병원에
갔	다. 나는 의사 선생님께
하	고 말씀드렸다.

(3)

쉬는 시간에 화장실에 가려고 급하게 뛰어나가다가 그만 옆 반 친구와 복도에서 부딪치고 말았다. 나는 미안하다고 사과하면서 화장실로 달려갔다.

	쉬는 시간에 화장실에 가려고 급하게
뛰	어나가다가 그만 옆 반 친구와 복도
에	서 부딪치고 말았다. 나는
라	고 사과하면서 화장실로 달려갔다.

3 시간 순서대로 써요

(1)

오후에 비가 그치더니 햇빛이 내리비쳤다. 오전부터 비가 무척 많이 내렸다. 그런데 하늘에 무지개가 떴다. 학교에 갈 때에는 비옷을 입고 우산까지 썼었다.

(2)

그날은 오전부터 비가 무척 많이 내렸다. 그래서 학교에 갈 때에는 비옷을 입고 우산까지 썼었다. 오후에는 비가 그치더니 햇빛이 내리비쳤다. 그러더니 하늘에 무지개가 떴다.

(1)은 사건을 시간 순서대로 쓰지 않아 내용을 이해하기 어렵습니다.

(2)처럼 사건을 순서대로 쓰면 글을 쉽게 이해할 수 있습니다.

 다음 문장들을 시간 순서에 맞게 옮겨 쓰세요.

(1)

① 오전에는 놀이 기구를 신나게 탔다.

② 예쁜 꽃을 보고 함께 사진을 찍은 뒤 집으로 돌아왔다.

③ 놀이공원에 도착해 표를 샀다.

④ 점심을 먹고 나서는 놀이공원 안에 있는 동물원을 둘러보았다.

지난달에 식구들과 함께 놀이공원에 갔다.

(2)

① 열차를 탄 지 한 시간쯤 지나 김밥과 음료수를 사 먹었다.

② 열차에 오르니 가슴이 콩닥콩닥 뛰기 시작했다.

③ 우리는 부산역에서 내려 택시를 타고 자갈치 시장에 갔다.

④ 아침 일찍 서울역에 도착해 열차를 기다렸다.

지난 주말에 부산으로 가족 여행을 갔다.

4 생활문 글감 찾기

 자신이 겪었던 일을 떠올려 다음 표를 채우세요.

(1)	작년 생일에 겪은 일	
(2)	친척을 만난 일	
(3)	친구와 다툰 일	

79쪽에 적은 일 가운데 두 가지를 고른 뒤, 줄거리를 3~4부분으로 나누어 다음 표를 채우세요.

(4)

글감	
줄거리	①
	②
	③
	④
중심 생각	

(5)

글감	
줄거리	①
	②
	③
	④
중심 생각	

5 나의 생활문

앞에 쓴 글감 가운데 하나로 생활문을 쓰세요.

7과 설명문

1 설명문이란?

읽는 사람이 잘 이해할 수 있도록 어떤 내용을 쉽게 풀어 쓴 글을 '설명문'이라고 합니다.

설명문은 '처음, 가운데, 끝' 세 부분으로 이루어집니다. 각 부분은 하나 이상의 문단으로 구성됩니다.

여기에서는 설명문의 세 부분 가운데 '가운데'를 중점적으로 알아보겠습니다.

 다음 글의 내용을 표에 정리하세요.

(1)

개는 오랫동안 사람 곁에서 같이 살아온 친구입니다. 개는 사람보다 뛰어난 능력이 많습니다.

개는 청각이 무척 뛰어납니다. 그래서 멀리에서 나는 작은 소리도 잘 듣습니다.

개는 후각도 매우 좋습니다. 낯선 곳에 갔다가도 자신이 남긴 냄새를 맡고 집에 돌아올 수 있습니다.

이처럼 개는 뛰어난 능력이 많은 동물입니다. 이런 재주를 이용하여 사람에게 도움을 주며 함께 살아갑니다.

처음	① 개는 사람보다 뛰어난 능력이 많다.
가운데	②
	③
끝	④ 개는 뛰어난 능력이 많은 동물이다.

(2)

바닷물이 드나드는 곳에 진흙이 쌓여 이루어진 곳을 갯벌이라고 합니다. 갯벌은 생물이 살아가는 데에 도움을 줍니다.

갯벌은 새들에게 무척 중요한 곳입니다. 갯벌에는 새들의 먹잇감이 많아 먼 길을 가는 철새들에게 좋은 쉼터 역할을 합니다.

사람도 갯벌에서 많은 이익을 얻습니다. 사람들은 갯벌에서 물고기, 낙지, 조개 등 다양한 생물을 채취하여 먹기도 하고 그것을 팔아 돈을 벌기도 합니다.

이처럼 갯벌은 생물에게 매우 중요한 곳입니다.

처음	① 갯벌은 생물이 살아가는 데에 도움을 준다.
가운데	②
	③
끝	④

(3)

화석 연료란, 아주 먼 옛날에 살던 생물이 땅속에 묻혀 오늘날 연료로 쓰이는 물질을 말합니다. 사람들은 화석 연료를 이용하여 에너지도 얻고, 많은 물건을 만들기도 합니다.

화석 연료 가운데 사람이 가장 먼저 이용한 것은 석탄입니다. 옛날에는 주로 난방용으로 사용했지만, 오늘날에는 발전용으로 많이 씁니다. 또 석탄으로 비료나 화약 같은 제품을 만들기도 합니다.

오늘날 사람들이 가장 많이 사용하는 화석 연료는 석유입니다. 발전소나 자동차의 연료로 쓰이며, 옷감이나 플라스틱 병의 재료가 되기도 합니다.

화석 연료는 사람들의 삶을 편리하게 해 주었습니다. 하지만 지구 온난화와 미세먼지 등 환경적인 이유로 사용을 줄이자는 운동이 일어나고 있습니다.

처음	① 사람들은 화석 연료를 이용하여 에너지도 얻고, 많은 물건을 만들기도 한다.
가운데	②
	③
끝	④

2 달걀 프라이 만들기

 달걀 프라이를 만드는 방법입니다. 다음 글을 읽고 물음에 답하세요.

준비물 챙기기

프라이팬, 식용유, 뒤집개, 접시, 소금을 준비하고, 달걀을 먹을 만큼 꺼냅니다.

① 프라이팬에 식용유 두르기

프라이팬을 가스레인지 위에 올리고 불을 켭니다. 프라이팬이 어느 정도 뜨거워지면 프라이팬에 식용유를 두릅니다.

② 달걀 깨서 올리기

프라이팬에 달걀을 깨서 올립니다.

③ 소금 뿌리기

입맛에 맞게 달걀에 소금을 뿌립니다.

④ 달걀 뒤집기

달걀 아랫면이 어느 정도 익으면 뒤집개로 뒤집어 윗면도 익힙니다.

⑤ 접시에 담기

달걀이 다 익으면 뒤집개를 이용하여 달걀을 접시에 담습니다.

(1) 위 내용을 순서대로 정리하여 달걀 프라이 만드는 방법을 설명하세요.

준비하기	프라이팬, 식용유, 뒤집개, 접시, 소금을 준비하고, 달걀을 먹을 만큼 꺼낸다.
달걀 프라이 요리하기	

3 알기 쉽게 차례대로

차례를 알기 쉽게 설명하기 위해 사용하는 말이 있습니다.

1. 첫째, 둘째, 셋째

2. 먼저, 그다음에는, 마지막으로

3. 우선, 그런 뒤에는, 그러고 나서는, 끝으로

 다음 글을 읽고 물음에 답하세요.

(1) 다음 글에서 차례를 알기 쉽게 나타내는 말을 네 개 찾아 ○표 하세요.

개구리는 몇 단계를 거치며 자랍니다. 우선, 알을 깨고 올챙이가 나옵니다. 그런 뒤에, 며칠이 지나면 뒷다리가 나오기 시작합니다. 그러고 나서는, 앞다리가 나오면서 꼬리가 점점 짧아집니다. 끝으로, 꼬리가 다 없어지면 어른 개구리가 됩니다. 어른 개구리는 물에서 나와 땅을 뛰어다닐 수도 있습니다.

(2) 다음은 김밥 만드는 방법입니다. 순서에 맞게 번호를 쓰세요.

① 그런 뒤에는 김 위에 밥을 얹어 얇게 편다.

② 마지막으로, 김밥을 둥글게 말아 먹기 좋은 크기로 자른다.

③ 김밥을 만들려면, 우선 김, 밥, 단무지, 달걀, 시금치, 소시지 등 자신이 넣고 싶은 재료를 준비한다.

④ 그리고 나서는 단무지, 달걀, 시금치, 소시지 같은 재료를 밥 위에 나란히 올린다.

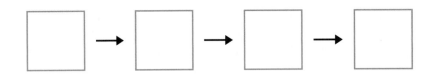

(3) 위에서 정리한 순서대로 김밥 만드는 방법을 쓰세요.

(4) 샌드위치를 만들려고 합니다. 여러분이 좋아하는 재료를 선택하여 세 개만 쓰세요.

| 치즈 | 달걀 | 햄 | 양상추 |
| 오이 | 당근 | 잼 | 마요네즈 |

1. 음식 이름: 샌드위치

2. 요리 재료: 식빵, (   ), (   ), (   )

(5) 다음은 샌드위치를 만드는 방법입니다. (4)에 쓴 답을 괄호 안에 적고, 순서에 맞게 번호를 쓰세요.

① 샌드위치를 먹기 좋은 크기로 잘라 접시에 담는다.

② 식빵 한 장을 깔고 그 위에 재료를 바르거나 차곡차곡 얹는다.

③ 식빵, (   ), (   ), (   ) 등 샌드위치 만들 재료를 준비한다.

④ 잘 쌓은 재료 위에 식빵 한 장을 올려 덮는다.

(6) 앞에서 정리한 순서에 맞추어 '샌드위치 만들기' 설명문을 쓰세요.

샌드위치 만들기

4 큰 이름과 작은 이름

표의 빈칸에 알맞은 말을 쓰세요. 또 표를 보고 설명문을 완성하세요.

(1)

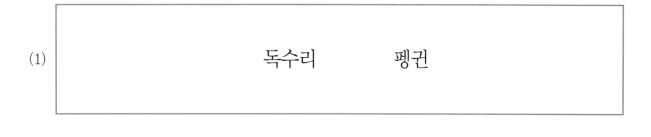

독수리　　　펭귄

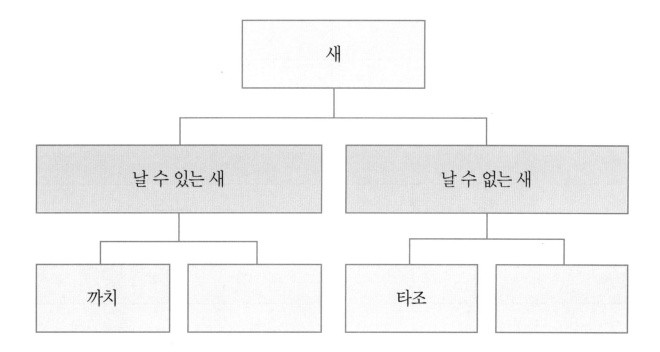

	새는 (　　　　　　　)와 (　　　　　　　)
로	나누어 살펴볼 수 있습니다. 날 수 있는 새에는 (　　　　　　)
와	독수리가 있습니다. 날 수 없는 새에는 (　　　　)와 펭귄이
있	습니다.

표의 빈칸에 알맞은 낱말을 쓰세요. 또 표를 보고 괄호 안에 알맞은 말을 써 설명문을 완성하세요.

(2)

봉숭아   봄꽃   개나리

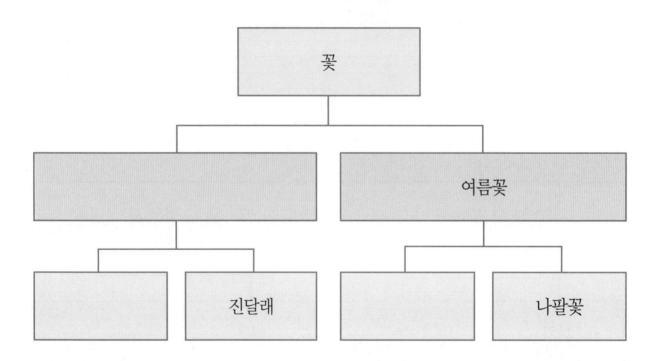

꽃은 종류마다 피는 계절이 다릅니다. 봄에 피는 꽃을 (   )
이 라고 하며, 여기에는 개나리와 (   )가 있습니다. 여
름 에 피는 꽃을 (   )이라고 합니다. 여기에는 (
)

(3)

| 소나무 | 나무 | 참나무 | 활엽수 |

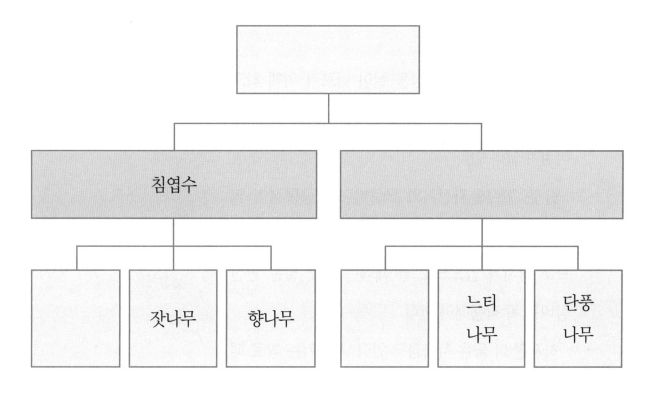

(   )는 나뭇잎이 바늘처럼 뾰족한 침엽수와 나뭇잎이

둥글거나 넓적한 활엽수로 나누어 볼 수 있습니다. (   )

에는 소나무, (   ), (   )가 있습니다.

활엽수에는 (

)

5 비교하여 설명하기

두 물건의 공통점과 차이점을 이용하여 두 대상의 특징을 쉽게 설명할 수 있습니다.

사람이 이동하거나 짐을 실어 나르기 위해 타고 다니는 물건을 '탈것'이라고 한다. 탈것에는 대부분 바퀴가 달려 있다.

처음

탈것 가운데 자전거와 오토바이는 공통점이 많다. 자전거와 오토바이는 바퀴가 두 개다. 또 둘 다 보호 장치가 없으므로 탈 때에는 헬멧 같은 안전 장비를 꼭 착용해야 한다.

가운데① (자전거와 오토바이의 공통점)

하지만 이 둘은 차이점도 있다. 자전거는 발로 페달을 굴려서 가기 때문에 연료가 필요 없다. 오토바이는 연료를 태워 그 힘으로 기계 장치를 움직인다. 자전거로는 운동이 가능하기 때문에 올림픽에 자전거를 타는 종목이 있다. 하지만 오토바이와 관련한 올림픽 종목은 없다.

가운데② (자전거와 오토바이의 차이점)

전동 자전거는 자전거와 오토바이의 장점을 모두 갖추고 있다. 평지에서는 일반 자전거와 같이 페달을 굴려 운동할 수 있고, 먼 거리를 이동하거나 언덕을 넘을 때에는 전기의 힘을 이용할 수 있다.

끝

다음 글을 읽고 아래 표를 완성하세요.

> 설탕과 소금은 둘 다 흰색입니다. 두 물질 모두 음식의 맛을 내는 데에 쓰입니다. 또 둘 다 음식을 상하지 않게 하는 성질이 있어 음식을 오래 보관하는 데에 이용합니다.
>
> 그러나 이 둘은 맛이 다릅니다. 설탕은 단맛, 소금은 짠맛을 냅니다. 그리고 설탕은 사탕수수에서 뽑아내어 만들지만, 소금은 바닷물을 증발시켜 얻습니다.

(1)		설탕	소금
같은 점		① 색깔이 흰색이다.	
		②	
		③	
다른 점	맛	④	⑥
	만드는 방법	⑤	⑦

축구와 야구는 둘 다 공을 사용하는 운동 경기입니다. 여러 명이 한 팀을 이루어 경기하는 것도 같습니다. 또 선수마다 정해진 위치와 역할이 있다는 것도 공통점입니다.

하지만 축구는 11명, 야구는 9명이 모여 경기를 합니다. 축구 경기는 전반과 후반으로 나누어 진행하지만, 야구는 1회부터 9회까지 나누어 대결합니다. 그리고 축구는 공 외에 다른 도구를 사용하지 않습니다. 이에 비해 야구는 야구 장갑과 방망이 등을 사용하는 점이 다릅니다.

(2)		축구	야구
같은 점		①	
		②	
		③	
다른 점	선수 인원	④	⑦
	기본 규칙	⑤	⑧
	장비	⑥	⑨

6 자료 읽고 쓰기

다음 그림과 글을 보고 물음에 답하세요.

안녕? 나는 기린이야.

우리는 아프리카에 살고 있어. 우리 기린은 키가 6미터 정도 되어 포유류 가운데 가장 커. 몸에는 흰색 털이 나 있고 갈색 점이 있어. 목과 다리가 긴 것이 특성이야. 우리는 보통 나뭇잎, 작은 나뭇가지, 꽃, 열매 등을 먹고 살아.

아프리카에서도 수가 줄어들고 있어서 사람들이 우리를 보호하고 있어.

(1) 앞 그림과 글을 보고 다음 표의 빈칸에 알맞은 내용을 쓰세요.

처음		기린은 아프리카에 사는 동물이다.
가운데	키	①
	특징	②
	먹이	③
끝		아프리카에서도 수가 줄고 있어 사람들이 보호하고 있다.

(2) 앞에서 정리한 표를 바탕으로 설명문을 완성하세요.

	기린은 아프리카에 사는 동물이다.
	아프리카에서도 수가 줄고 있어 사람들이 보호하고 있다.

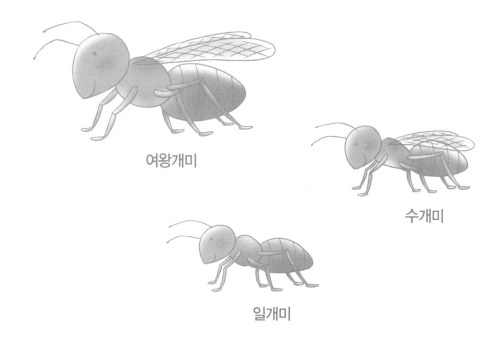

여왕개미

수개미

일개미

우리는 여러분께서 공원이나 숲에서 쉽게 보실 수 있는 개미입니다.

오늘은 우리 식구들을 소개하려 합니다.

개미는 크게 세 종류로 나뉩니다.

여왕개미는 땅이나 나무 속에 알을 낳아 기릅니다. 날개가 있으며, 다른 개미들에 비해 덩치가 훨씬 큽니다.

일개미들은 식량을 모으고 사냥을 하며 여왕개미를 돕습니다. 일개미 중에는 바깥에서 집을 지키고 적과 싸우는 병정개미도 있습니다.

수개미는 여왕개미와 짝짓기를 하기 위해 태어납니다. 수개미 가슴에는 날개가 달려 있어 날 수 있습니다. 여왕개미와 결혼 비행을 마친 뒤에는 죽고 맙니다.

오늘도 우리는 자신의 역할을 하며 부지런히 살아갑니다.

(3) 앞 그림과 글을 보고 각 개미의 특징을 하나씩만 빈칸에 쓰세요.

처음		개미는 공원이나 숲에서 쉽게 볼 수 있는 곤충이다.
가운데	여왕 개미	
	일개미	
	수개미	
끝		오늘도 개미들은 자신의 역할을 하며 부지런히 살아간다.

(4) 앞에서 정리한 표를 바탕으로 설명문을 완성하세요.

	개미는 공원이나 숲에서 쉽게 볼 수 있는 곤충이다.
	개미는 크게 세 종류로 나뉜다.
	오늘도 개미들은 자신의 역할을 하며 부지런히 살아간다.

8과 논설문

1 논설문이란?

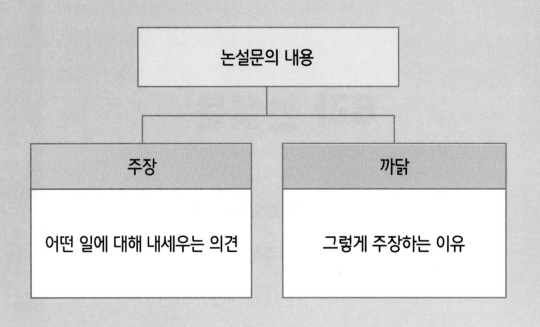

어떤 일에 대해 내세우는 의견을 '주장'이라고 합니다. 그 주장으로 상대의 생각이나 행동을 변화하려고 쓴 글이 '논설문'입니다.

논설문의 내용

주장	까닭
어떤 일에 대해 내세우는 의견	그렇게 주장하는 이유

 다음 글을 읽고 표를 완성하세요.

운동을 하자

요즘은 텔레비전, 컴퓨터, 스마트폰 때문에 운동을 하지 않는 사람이 많습니다. 학교뿐 아니라 학원까지 다니다 보니 학생들은 운동할 시간이 더욱 부족합니다. 하지만 그럴수록 더 시간을 내어 운동해야 합니다.

운동을 하면 몸이 건강해집니다. 운동을 통해 몸을 움직이면 근육이 강해집니다. 또 체력이 좋아져 감기 같은 병에 쉽게 걸리지 않습니다.

또 기분이 좋아집니다. 움직이지 않으면 몸이 뻐근해지고, 기운이 떨어집니다. 하지만 운동을 하면서 땀을 흘리고 나면 활력이 생기고 기분이 상쾌해집니다.

친구들과 관계도 좋아집니다. 친구들과 함께 운동하면서 서로 대화를 주고받으며 우정을 쌓을 수 있고, 서로 도우면서 단결력을 기를 수 있습니다.

이처럼 운동에는 여러 장점이 있습니다. 몸도, 마음도, 친구와의 관계도 건강하게 만들기 위해, 자신의 체력에 맞는 운동을 골라 꾸준히 운동합시다.

(1)

처음	① 시간을 내어 운동하자.
가운데	②
	③
	④
끝	⑤

2 주장과 까닭

 다음 글을 읽고 물음에 답하세요.

베짱이는 정말 한심하고 게으른가

세오: 연희야, 너 이솝 우화 〈개미와 베짱이〉 이야기 알지? 나는 베짱이가 참 한심하고 게으르다고 생각해. 여름 내내 풀숲에서 노래만 부르며 놀다가 겨울에는 먹이가 없어서 개미네 집에 찾아가 구걸하잖아. 개미처럼 미리 식량을 마련해 두었다면 겨울 동안 편안하게 지낼 수 있었을 텐데 말이야.

연희: 세오야, 나는 베짱이를 꼭 한심하거나 게으르다고 생각하지만은 않아.

세오: 베짱이가 개미네 집에 찾아가 구걸하는 모습을 보고도 그런 생각이 드니?

연희: 이렇게 생각해 보면 어때? 개미와 베짱이는 서로 생각이 다를 뿐이라고 말이야. 개미는 부지런히 움직여 먹이를 모으려고 했고, 베짱이는 자기 꿈을 이루려고 열심히 노래를 연습했다고 생각해.

세오: 그렇게 생각할 수도 있겠다. 하지만 양식도 마련해 놓지 않고 노래만 부르는 것은 미래를 생각하지 않고 사는 거라고 생각해.

연희: 그래. 베짱이는 개미처럼 양식을 구해 놓지는 못했지만 여름 내내 노래를 불러 풀숲 동물들에게 즐거움을 주기도 했어. 그런 면에서 나는 베짱이를 한심하다고 생각하지는 않아.

(1) 빈칸에 알맞은 낱말을 넣어 윗글의 내용을 정리하세요.

세오	주장	베짱이는 한심하고 게으르다.
	까닭	① 여름 내내 노래만 부르며 놀다가 겨울에 먹이가 없어 개미네 집에 구걸하러 갔다.
		②

연희	주장	베짱이는 한심하거나 게으르지 않다.
	까닭	③ 자기 꿈을 이루려고 열심히 노래를 연습했다.
		④

다음 글을 읽고 물음에 답하세요.

재판장: 자, 이제 구렁이와 나그네의 재판을 시작하겠습니다. 구렁이 부인은 나그네가 별 이유 없이 남편을 죽였으니 벌을 내려 달라고 재판을 신청했습니다. 구렁이 부인의 의견을 먼저 들어 보겠습니다.

구렁이: 재판장님, 정말 화가 납니다. 저는 저 나그네 때문에 하루아침에 사랑하는 남편을 잃고 혼자가 되었습니다. 그저께 새벽이었습니다. 남편은 임신한 저에게 먹이를 구해다 주겠다며 집을 나섰습니다. 남편이 숲속에 다다랐을 때, 커다란 나무 위 둥지에 먹음직스러운 새끼 까치들이 보였습니다. 남편은 바로 나무 위로 기어 올라갔습니다. 새끼 까치를 물려고 둥지 쪽으로 고개를 들이미는 순간, 지나가던 저 나그네가 제 남편을 향해 활을 쏘았습니다. 그 바람에 제 남편은 그만 화살을 맞고 나무에서 떨어져 죽고 말았습니다. 제 남편은 나그네에게 아무 짓도 하지 않았는데 나그네는 제 남편을 죽였습니다. 재판장님, 부디 저 못된 나그네에게 벌을 내려 주십시오.

재판장: 네, 잘 들었습니다. 그럼 나그네의 의견을 들어 보겠습니다.

나그네: 재판장님, 제가 구렁이의 남편을 활을 쏘아 죽인 것은 사실입니다. 숲속을 지나갈 때 저는 어미 까치가 애타게 울부짖는 소리를

들었습니다. 나무 위를 올려다보니 구렁이가 새끼 까치들을 물어 죽이려 하고 있었습니다. 도와 달라고 애원하는 까치를 보고 어떻게 그냥 지나칠 수 있겠습니까? 그래서 저는 까치를 돕기 위해 어쩔 수 없이 활을 쐈습니다. 제가 활을 쏘지 않았다면 가엾은 새끼 까치들은 구렁이의 먹이가 되고 말았을 것이고, 새끼들을 지키지 못한 어미 까치는 평생 슬픔 속에서 살아야만 했을 것입니다. 그러니 까치를 도우려고 구렁이의 남편에게 활을 쏜 것은 벌 받을 행동이 아닙니다.

(2) 윗글의 내용을 정리한 표입니다. 빈칸에 알맞은 말을 넣어 주장과 까닭을 정리하세요.

구렁이	주장	남편을 죽인 나그네에게 벌을 내려야 한다.
	까닭	남편은 임신한 나를 위해 ① (　　　　　　)를 구하려다 죽었다. ② (　　　　　　)에게 아무 짓도 하지 않았는데 남편을 죽였으므로 나그네는 벌을 받아야 한다.

	주장	③
나그네	까닭	구렁이의 남편에게 활을 쏘지 않았다면 ④ (　　　　　　　　) 들이 죽임을 당했을 것이다. 그리고 자식들을 지키지 못한 어미 까치는 평생 ⑤ (　　　　　　　) 속에서 살아야만 했을 것이다.

(3) 자신이 재판장이라면 어떤 판결을 내리겠나요? 판결과 까닭을 쓰세요.

판결	
까닭	

즉석식품은 먹지 말아야 하는가

수지: 정호야, 너는 지난번에도 간식으로 햄버거와 콜라를 먹더니, 이번에는 컵라면이랑 사이다를 사 왔네. 즉석식품을 꽤 좋아하는구나?

정호: 응, 즉석식품은 대부분 데우거나 끓이기만 하면 바로 먹을 수 있으니까 간편해서 좋아. 요리를 못하는 사람도 쉽게 해 먹을 수 있잖아.

수지: 즉석식품에는 식품 첨가물 같은 화학 물질, 색소, 설탕이 들어 있어. 그러니까 건강을 위해서 즉석식품은 먹지 말아야 해.

정호: 물론 건강에 좋은 음식이라고 할 수는 없지. 하지만 즉석식품은, 바쁜 현대인들에게 요리 시간을 절약할 수 있게 도와주는 음식이야. 그러니 매일은 아니더라도 바쁠 때 가끔은 먹어도 괜찮다고 생각해. 나도 부모님께서 바쁘시거나 안 계실 때 먹는 거야.

수지: 글쎄, 즉석식품이 시간을 절약하는 데에는 도움이 될지 모르겠지만 환경을 지키는 데에는 결코 도움이 되지 않아. 즉석식품은 대부분 일회용 그릇에 포장되어 있어서 환경을 오염하잖아.

정호: 그래도 가끔 한 번씩 먹는 건 괜찮잖아.

수지: 너에게는 가끔 한 번이겠지만 사람들이 모두 그렇게 생각한다면 그 양이 엄청날 거야. 그러니까 지금부터라도 먹지 않는 것이 좋아.

(4) 빈칸을 채워 앞 글의 내용을 정리하세요.

정호	주장	
	까닭	①
		②

수지	주장	
	까닭	①
		②

3 내가 회장이 되면

다음 글을 읽고 물음에 답하세요.

내가 회장이 되면

나는 우리 반 2학기 회장이 되고 싶다. 회장은 선생님을 돕고, 반 친구들을 위해 일해야 한다. 그래서 내가 회장이 된다면 어떻게 일할지 생각해 보았다.

모범을 보이는 회장이 되겠다. 반 친구들에게는 조용히 하라고 하면서 정작 내가 떠든다거나, 공부를 게을리하는 모습을 보여서는 안 된다. 공부도 더 열심히 하고, 모든 일에 부지런히 먼저 나서겠다.

친절한 회장이 될 것이다. 그러기 위해서는 항상 반 친구들의 입장에 서서 친구들의 의견에 귀를 기울여야 한다. 그리고 친구들에게 양보하는 넓은 마음을 지니려고 노력하겠다.

따돌림을 받는 친구가 없는 반을 만들겠다. 고민이 있거나 힘든 일이 있는 친구의 말을 가까이에서 들어 주고 위로해 줄 것이다. 만약 친구를 따돌리는 일이 생기면 서로를 이해하고 배려하자고 친구들을 설득할 것이다.

회장이 해야 할 일을 알아보면서 책임감이 더욱 커졌다. 내가 회장이 되면 이 일들을 실천하기 위해 최선을 다하겠다.

(1) 앞 글의 내용을 처음, 가운데, 끝으로 나누어 정리하세요.

처음		나는 우리 반 2학기 회장이 되고 싶다.
가운데	①	
	②	
	③	
끝		내가 회장이 되면 이 일들을 실천하기 위해 최선을 다하겠다.

(2) 자신이 회장이 된다면 하고 싶은 일 세 가지를 쓰세요.

①

②

③

9과 동화 독후감

1 동화 독후감이란?

동화 독후감은 동화를 읽고 난 뒤의 느낌이나 생각을 쓴 글입니다.

글을 읽으면서 인상 깊게 읽은 부분을 기억하거나 메모해 두었다가 그 부분을 요약하여, 생각이나 느낌을 함께 적습니다.

글을 읽고 나서 기억에 남은 부분을 여러 개 적으면 독후감 내용이 더욱 풍성해집니다.

처음	책에 대한 간단한 소개

가운데	기억에 남은 부분 1 + 느낌이나 생각
	기억에 남은 부분 2 + 느낌이나 생각

끝	책 전체에 대한 느낌이나 생각

⑴ 처음 부분 쓰는 방법 - 책을 소개합니다.

'곰과 두 친구'는 위기에 처한 두 친구를 다룬 이야기다. 위기를 겪는 두 친구의 모습을 통해 '진정한 친구'의 의미를 생각하게 한다.

제비가 행복한 왕자 동상을 만나, 어렵게 살아가는 마을 사람들을 도와주는 이야기다. 왕자와 제비를 통해 이웃을 사랑하는 마음을 보여 주고 있다.

⑵ 끝 부분 쓰는 방법 - 책 전체에 대한 느낌이나 생각을 씁니다.

'나의 진정한 친구는 누구일까?' 이 책을 읽고 나서 나 자신에게 질문해 보았다. 앞으로는 진정한 친구를 만들기 위해, 그리고 진정한 친구가 되기 위해 노력하겠다.

책을 읽고, 내 주변에도 가난하고 고통받는 사람들이 있지 않을까 하는 생각을 하게 되었다. 앞으로는 무심히 지나쳤던 이웃들을 조금 더 자세히 살펴보아야겠다.

2 곰과 두 친구

 다음 이야기와 독후감을 읽어 보세요.

곰과 두 친구

– 이솝

화창한 어느 날, 두 친구가 길을 나섰습니다. 둘은 어렸을 때부터 아주 친하게 지내 온 친구입니다.

두 친구는 햇볕이 따뜻하게 내리쬐는 들판을 지나 숲으로 들어섰습니다. 들판은 따뜻했지만, 숲속은 아직 추웠습니다. 둘은 옷을 단단히 여미고 숲길을 나아갔습니다.

"옷을 좀 두껍게 입을 걸 그랬나 보네."

한 친구가 다른 친구를 걱정하며 말했습니다. 다른 친구는 어깨를 툭 치고 웃으며 말했습니다.

"나는 괜찮네. 난 오히려 자네가 걱정일세. 그래도 조금만 더 걸으면 따뜻한 들길이 나올 거야."

그때였습니다. 숲속 저편에 시커먼 물체가 보였습니다. 바람이 불어 나뭇가지가 흔들리나 했지만, 곰이었습니다.

등에 지고 있던 짐도 던져 버리고 두 친구는 도망치기 시작했습니다. 그런데 한 친구가 나무뿌리에 발이 걸려 넘어지고 말았습니다.

"친구! 나 좀 도와주게!"

하지만 달리던 친구는 넘어진 친구의 부탁을 뿌리치고 달아났습니다. 그러다 혼자 나무 위에 올라가 아래를 내려다보았습니다.

'휴, 간신히 살았다. 그런데 저 친구는 어쩌지?'

넘어진 친구는 다 포기하고 엎드려만 있었습니다. 가족들 얼굴이 떠올랐습니다.

'아버지!'

그때 아버지의 말씀이 떠올랐습니다.

"곰은 죽은 동물은 먹지 않는단다."

'그래! 죽은 척해야겠다!'

넘어진 친구는 가만히 땅에 엎드려 있었습니다.

곰은 넘어진 친구에게 다가와 코를 대고 냄새를 맡았습니다. 곰은 한참 냄새를 맡더니 그냥 지나갔습니다. 쩝쩝 입맛만 다실 뿐이었습니다. 그러다 어떤 냄새를 맡았는지 코를 벌름거리며 왔던 길로 돌아갔습니다.

그 모습을 보고 나무 위에 있던 친구가 땅으로 내려왔습니다. 그러고는 엎드려 있던 친구에게 가서 흙이 묻은 옷을 털어 주었습니다. 두 친구는 다시 가던 길을 계속 걸었습니다.

숲속을 한참 걷다가, 나무 위에 올라갔던 친구가 넘어졌던 친구에게 물어보았습니다.

"아까 자네가 땅에 엎드려 있을 때 곰이 자네 귀에 대고 뭐라고 말하는 것 같던데, 뭐라고 하던가?"

넘어졌던 친구는 걸음을 멈추고 친구를 바라보았습니다.

"곰이 말하는 것을 보았나? 나도 곰의 말을 듣고 깜짝 놀랐다네."

"그래? 뭐라 하던가?"

"곰은 나에게 아주 중요한 충고를 해 주었네. 마치 지혜의 신이 곰으로 변

신해 나타난 게 아닌가 생각했다네."

넘어졌던 친구의 말에 나무 위에 올라갔던 친구가 재촉했습니다.

"어서 말해 보게."

"힘든 일이 닥쳤을 때에야 진정한 친구를 알 수 있다고 하더군. 그러고는 위험에 빠진 친구를 두고 혼자 도망치는 사람과는 함께 여행을 떠나지 말라고 충고해 주었네."

두 친구는 더는 아무 말도 없이 숲을 빠져나와 들판을 걸어갔습니다. 넘어졌던 친구는 성큼성큼 걸었지만, 나무 위에 올랐던 친구는 어깨를 축 늘어뜨리고 뒤에서 따라갈 뿐이었습니다.

'곰과 두 친구'를 읽고 ┆ 제목

경기 희망 초등학교 ┆ 학교

3학년 3반 이재훈 ┆ 학년, 반, 이름

'곰과 두 친구'는 위기에 처한 두 친구를 다룬 이야기다.

위기를 겪는 두 친구의 모습을 통해 '진정한 친구'의 의미

를 생각하게 한다.

┆ 처음
(책 소개)

곰을 피해 도망치다가 한 명이 넘어졌을 때, 다른 친구는 그 친구를 모른 체하고 혼자 도망쳤다.

어렸을 때부터 친하게 지내 온 친구인데 어떻게 그럴 수 있는지 이해가 안 되었다. 나였다면 빨리 달려가 친구를 일으켜 주었을 것이다.

가운데 ①
(기억에 남은 부분 ① + 느낌이나 생각)

넘어졌던 친구가 나무에 올라갔던 친구에게 곰의 충고를 얘기해 주었다.

넘어졌던 친구는 마음이 착한 것 같다. 내가 그런 일을 겪었다면 친구에게 대놓고 화를 냈을 텐데. 하지만 나도 친구 때문에 화가 났을 때, 친구에게 무작정 화를 내기보다는 착하게 말하려고 노력해야겠다.

가운데 ②
(기억에 남은 부분 ② + 느낌이나 생각)

'나의 진정한 친구는 누구일까?' 이 책을 읽고 나서 나 자신에게 질문해 보았다. 앞으로는 진정한 친구를 만들기 위해, 그리고 진정한 친구가 되기 위해 노력하겠다.

끝
(책을 다 읽은 뒤의 느낌이나 생각)

3 행복한 왕자

행복한 왕자

– 오스카 와일드

옛날 어느 도시의 광장에 '행복한 왕자'라고 불리는 동상이 있었습니다. 동상의 겉면은 순금으로 덮여 있고 눈에는 사파이어가 반짝였습니다. 그리고 왕자의 손에 쥐어진 칼자루에는 커다란 루비가 박혀 있었습니다.

어느 날, 제비 한 마리가 노란 나비를 따라 날다가 친구들을 놓치고 혼자 남아 있었습니다. 다른 제비들은 이미 따뜻한 나라로 떠나간 뒤였습니다.

뒤늦게 따뜻한 나라로 날아가던 제비는 밤이 되어 어느 도시에 도착했습니다. 그 광장에는 멋진 동상이 있었습니다. 동상의 두 발 사이에 내려앉아 눈을 붙이려던 그때, 제비의 날개에 물방울이 떨어졌습니다. 제비는 하늘을 올려다보았지만, 하늘에는 구름 한 점 없었습니다. 이상했지만 제비는 다시 잠을 청했습니다. 하지만 곧 또 물방울이 떨어졌습니다. 다른 곳으로 날아가서 쉬려고 날개를 펼치는데 물방울이 또 떨어졌습니다. 다시 위를 쳐다보니 동상의 두 눈에서 눈물이 흘러내리고 있었습니다.

왕자는 인간이었을 때 늘 즐겁고 행복했습니다. 그런데 동상이 되어 마을 사람들이 굶주리는 모습을 보니 눈물을 흘릴 수밖에 없었습니다. 그래서 제비에게 도움을 요청했습니다.

"제비야, 사람이었을 때 나는 커다란 궁전에서 항상 즐겁게 살았어. 사람들은 나를 '행복한 왕자'라고 불렀지. 그런데 죽은 뒤에는 이렇게 높은 곳에 세워져 이 도시의 슬픔을 보고 있단다."

제비는 아무 말 없이 왕자의 이야기를 들었습니다.

"저기 좁은 골목길에 집이 한 채 있어. 아주머니는 바느질을 하며 아들과 둘이서 어렵게 살고 있단다. 그런데 그 집 아들이 무척 아파. 열 때문에 갈증이 나서 오렌지를 먹고 싶다는데 어머니는 살 돈이 없다는구나. 제비야, 내 칼자루에서 루비를 뽑아 저 아주머니께 가져다드리겠니?"

제비는 바느질에 지쳐 잠든 어머니 옆에 왕자의 루비를 떨어뜨렸습니다. 그러고는 아파서 열이 나는 아이의 이마 위에서 날갯짓을 해 주었습니다.

"왕자님, 이상해요. 추운 밤인데 오히려 몸은 따뜻해졌어요."

제비는 이제 정말 남쪽 나라로 날아가야만 했습니다. 하지만 왕자는 제비에게 한 번만 더 도와 달라고 부탁했습니다. 이번에는 자신의 한쪽 눈을 빼서 가난한 작가에게 가져다주라는 것이었습니다. 제비는 왕자의 간절한 부탁을 모른 체할 수 없었습니다. 그래서 보석을 뽑아 작가의 집 화분에 떨어뜨렸습니다.

다음 날에도 왕자는 애원하듯 제비에게 부탁했습니다. 제비는 더 늦기 전에 따뜻한 나라로 빨리 날아가야 했지만, 왕자의 부탁도 모른 체할 수는 없었습니다. 왕자는 성냥을 파는 소녀에게 나머지 눈 하나를 뽑아 전해 달라고 부탁했습니다. 제비는 왕자의 눈에 박힌 보석을 뽑아 소녀의 손바닥에 떨어뜨려 주었습니다.

왕자는 제비에게 이제 따뜻한 나라로 가라고 말했지만, 제비는 왕자 곁에 영원히 남겠다고 했습니다. 제비는 앞을 못 보는 왕자의 어깨에 앉아 자신이 여행하며 본 것들을 이야기해 주었습니다. 도시 위를 날아다니며 본 것도 왕자에게 알려 주었습니다.

가난한 사람들의 이야기를 들을 때마다 가슴이 아팠습니다. 왕자는 자신의 몸을 덮고 있는 금을 벗겨 가난한 사람들에게 나누어 주라고 마지막으로 부탁했습니다.

가난한 집 아이들은 웃으며 놀 수 있게 되었습니다. 하지만 왕자의 몸은 흉하게 변해 갔습니다.

겨울이 찾아온 어느 날, 제비는 죽음을 예감했습니다. 그래서 왕자의 손에 입맞춤하고는 왕자의 발에 떨어져 죽고 말았습니다.

제비의 죽음에 충격을 받아 왕자의 심장도 쪼개졌습니다. 그 도시의 사람들은 초라해진 왕자 동상을 부수어 용광로에 던져 버렸습니다. 하지만 왕자의 심장은 끝까지 녹지 않았습니다.

하느님은 천사에게 그 도시에서 귀중한 것 두 개를 가지고 오라고 했습니다. 천사는 왕자의 심장과 죽은 제비를 바쳤습니다. 하느님은 왕자와 제비의 마음에 감동하여 그 둘을 천국에서 영원히 행복하게 살게 하였습니다.

* 용광로: 금속 제품을 만들기 위해, 광석을 높은 온도로 녹이는 시설.

'행복한 왕자'를 읽고 인상 깊게 읽은 부분과 그 부분에 대한 느낌이나 생각을 쓰려고 합니다. 빈칸에 알맞은 내용을 쓰세요.

(1)

기억에 남은 부분	따뜻한 나라로 날아가던 제비가 동상 아래에서 자려고 눈을 붙였는데 위에서 자꾸 물방울이 떨어졌다. 처음에는 빗방울인 줄 알았는데 알고 보니 왕자 동상의 눈물이었다.
느낌이나 생각	

(2)

기억에 남은 부분	왕자는 칼자루에 박혀 있던 루비를 가난한 집에 가져다주라고 제비에게 부탁했다. 제비는 그 집으로 날아가 루비를 떨어뜨린 뒤, 아픈 아이의 열을 식혀 주기 위해 날갯짓을 해 주었다.
느낌이나 생각	

(3)

기억에 남은 부분	제비는 왕자의 부탁을 모두 들어주고는 자신의 죽음을 직감했다. 그래서 떠나라는 말을 듣고도 왕자의 곁에 남아 얼어 죽고 말았다.
느낌이나 생각	

(4)

기억에 남은 부분	천사는 마을에서 왕자의 심장과 제비의 시체를 가져가 하느님께 바쳤다. 하느님은 왕자와 제비의 마음에 감동하여 그 둘을 천국에서 영원히 행복하게 살게 해 주었다.
느낌이나 생각	

4 동화 독후감 쓰기

 다음은 125쪽의 (1), (2)로 쓴 독후감입니다.

'행복한 왕자'를 읽고 ······ 제목

강원 바다 초등학교 ······ 학교

3학년 3반 송하늘 ······ 학년, 반, 이름

제비가 행복한 왕자 동상을 만나, 어렵게 살아가는 마을 사람들을 도와주는 이야기다. 왕자와 제비를 통해 이웃을 사랑하는 마음을 보여 주고 있다. ······ 처음 (책 소개)

따뜻한 나라로 날아가던 제비가 동상 아래에서 자려고 눈을 붙였는데 위에서 자꾸 물방울이 떨어졌다. 처음에는 빗방울인 줄 알았는데 알고 보니 왕자 동상의 눈물이었다.

마을 사람들이 굶주리는 모습을 가엽게 여기는 왕자가 아름답게 느껴졌다. ······ 가운데 ① (기억에 남은 부분 ① + 느낌이나 생각)

왕자는 칼자루에 박혀 있던 루비를 가난한 사람 집에 가져다주라고 제비에게 부탁했다. 제비는 그 집으로 날아가 루비를 떨어뜨린 뒤, 아픈 아이의 열을 식혀 주기 위해 날갯짓을 해 주었다. ······ 가운데② (기억에 남은 부분② + 느낌이나 생각)

가난한 사람들에게 루비를 가져다주라고 부탁한 왕
자도 대단하지만, 아픈 아이를 위해 날갯짓을 한 제
비도 훌륭하다고 생각했다.

　　책을 읽고, 내 주변에도 가난하고 고통받는 사람들
이 있지 않을까 하는 생각을 하게 되었다. 앞으로는
무심히 지나쳤던 이웃들을 조금 더 자세히 살펴보아
야겠다.

끝
(책을 다 읽은 뒤의
느낌이나 생각)

(1) 126쪽의 표 (3), (4)를 이용하여 독후감을 쓰세요. 처음과 끝 부분은 117쪽 내용을 그대로 옮겨 적어도 좋고, 여러분이 생각하여 써도 좋습니다.

⑵ 동화 한 편을 읽고 기억에 남은 부분을 두 개 넣어 독후감을 쓰세요.

10과 인물 이야기 독후감

1 인물 이야기 독후감이란?

인물 이야기는 인류 역사에 큰 영향을 끼친 사람에 대한 글입니다. 따라서 그 인물의 삶과 업적이 담겨 있습니다.

인물 이야기 독후감에는 글을 읽고 나서 기억에 남은 부분과 그 부분을 읽으며 든 느낌이나 생각을 씁니다.

기억에 남은 부분은 인물의 업적을 중심으로 내용을 정리할 수 있습니다. 또 그 업적을 남기기까지의 삶에서 인상 깊게 읽은 부분을 적을 수도 있습니다.

처음	인물에 대한 간단한 소개

가운데	기억에 남은 부분 1 + 느낌이나 생각
	기억에 남은 부분 2 + 느낌이나 생각

끝	책을 읽은 뒤의 느낌이나 생각

'김만덕'을 읽고

경기 희망 초등학교

3학년 3반 김은주

김만덕은 조선 시대에 살았던 여성으로, 물건을 사 고팔아 큰돈을 벌었다. 하지만 먹을 것이 없어 힘 들어하는 사람들을 위해서 재산의 대부분을 내 놓았다.

김만덕이 12살밖에 안 되었을 때, 부모가 다 죽 었 다. 만덕은 살기 위해 어쩔 수 없이 기생집에 들 어 가 기생이 되었다.

만덕이 너무 불쌍했다. 그렇게 어린 나이에 부 모 를 잃었으니 세상이 얼마나 무서웠을까?

한 줄 비웁니다.

제목

학교

학년, 반, 이름

한 줄 비웁니다.

처음
(인물에 대한 소개)

가운데 ①
(기억에 남은
부분 ① +
느낌이나 생각)

	조선에 큰 흉년이 들어 백성들이 굶어 죽어가자
만	덕은 전 재산에 가까운 큰돈을 내어놓았다.
	얼굴도 한 번 보지 못한 사람들을 위해 힘겹게
번	돈을 선뜻 내놓는 모습을 보며 대단하다고 생
각	했다. 게다가 식량을 구하기 위해 이리저리 열
심	히 뛰어다니는 모습에서 백성을 사랑하는 진
심	을 느낄 수 있었다.
	신분과 성별로 사람을 차별하던 시대에 여성 혼
자	서 큰돈을 벌었다는 것이 놀라웠다. 그뿐 아니
라	그렇게 힘들게 벌어 남을 위해 희생하는 모습이
본	받을 만하다고 느꼈다.

가운데 ②
(기억에 남은
부분 ② +
느낌이나 생각)

끝
(책을 다 읽은 뒤의
느낌이나 생각)

(1) 처음 부분 - 인물을 소개합니다.

김만덕은 조선 시대에 살았던 여성으로, 물건을 사고팔아 큰 돈을 벌었다. 하지만 먹을 것이 없어 힘들어하는 사람들을 위해 재산의 대부분을 내놓았다.

이순신은 일본에 빼앗길 뻔한 나라를 지킨 장군이다. 일본이 조선을 침략하였을 때, 굳센 의지로 우리나라와 겨레를 지켰다.

(2) 끝 부분 - 책을 다 읽고 나서의 느낌이나 생각을 적습니다.

신분과 성별로 사람을 차별하던 시대에 여성 혼자서 큰돈을 벌었다는 것이 놀라웠다. 그뿐 아니라 그렇게 힘들게 벌어 남을 위해 희생하는 모습이 본받을 만하다고 느꼈다.

이순신 장군은 힘든 상황에서도 자신의 역할을 다했기 때문에 현대까지도 사람들에게 존경을 받는 장군이 된 것이라 생각한다. 나도 내가 맡은 일에 최선을 다해야 겠다.

3 이순신

 다음은 이순신의 일생을 담은 이야기입니다.

이순신

이순신은 1545년 한양에서 태어났습니다. 어렸을 때 친구들과 전쟁놀이를 즐겨 했는데, 덩치도 크고 힘이 세서 주로 친구들을 지휘하는 장군 역할을 맡았습니다.

스물여덟 살 때에는 무관이 되기 위해 시험을 보다가 말에서 떨어져 다리가 부러졌습니다. 그래도 나무껍질로 다리를 묶고 다시 말에 올라 시험을 끝까지 치를 정도로 최선을 다했습니다.

4년 뒤, 무과에 합격하여 벼슬에 올랐습니다. 그 뒤 우리나라의 북쪽 끝, 함경도의 한 지역을 3년 동안 지키고 한양으로 돌아왔습니다.

이후 전라도로 내려가 수군을 다스렸습니다. 그런데 서익이라는 사람은, 이순신이 부대를 제대로 관리하지 않는다고 거짓으로 보고하였습니다. 자신의 부당한 부탁을 이순신이 들어주지 않았기 때문이었습니다. 이순신은 관직을 빼앗겼지만 실망하지 않고 자신의 역할을 열심히 수행했습니다.

얼마 뒤, 이순신은 벼슬을 되찾았고, 임진왜란이 터지기 1년 전에는 수군

* 무과: 조선시대에, 무관(벼슬에 오른 군인)을 뽑던 시험.
* 수군: 바다를 지키던 군대.
* 수군절도사: 조선 시대에, 각 도의 수군을 다스리던 벼슬.

절도사라는 높은 벼슬에 올라 전라도 앞바다를 지켰습니다.

이순신은 수군을 살펴보았습니다. 병사들은 훈련이 되어 있지 않았고, 무기는 녹이 슬어 있었습니다. 배도 찢기고 부서진 채 내팽개쳐져 있었습니다. 하지만 이순신은 실망하지 않았습니다. 병사들을 훈련하였고, 무기는 녹을 없애거나 새로 만들었으며, 배는 튼튼하게 수리하였습니다. 또 부하들을 시켜 새로운 배, 거북선을 만들었습니다.

그 무렵인 1592년 4월, 일본이 조선을 공격해 왔습니다. 임진왜란이 일어난 것입니다. 그런데 조선의 육군은 일본군을 제대로 막지 못해 계속 땅을 일본에 빼앗겼습니다. 임금도 한양을 버리고 평양으로 피란을 떠났습니다.

하지만 이순신이 이끄는 수군은 달랐습니다. 튼튼하게 만든 배와 훈련이 잘되어 있는 병사들은 일본군의 공격을 잘 막아내었습니다. 이순신은 육지의 피란민들을 부대 근처에 머물게 하고 식량과 옷을 나누어 주었습니다.

이순신이 남해에서 연달아 일본군을 물리치자 임금도 이순신의 공로를 인정하여 벼슬을 올려 주었습니다. 마침내 조선의 남쪽 바다를 모두 책임지는 삼도 수군통제사가 되었습니다.

마침 그때 명나라도 조선을 돕기 위해 군대를 보내왔습니다. 일본군은 명나라 군대와 생각보다 추운 조선의 겨울에 당황하였습니다. 그래서 배를 숨기고 육지에 머물며 조선과 협상을 하려 하였습니다.

일본군이 전투에 나서지 않자 이순신은 부대를 재정비하기로 했습니다. 배를 더 만들고, 병사들이 먹을 식량과 무기를 준비했습니다.

그러자 임금은 이순신을 의심하기 시작했습니다. 벼슬을 높여 준 뒤로 전투에서 이겼다는 소식을 들을 수 없었기 때문입니다. 또 이순신이 백성들에게 사랑을 받자 이순신을 시기하는 사람도 늘어났습니다.

* 피란: 난리를 피함.

그때 일본군 장수가 사람을 보내 일본군의 이동 시간과 경로를 조선 임금에게 거짓으로 알렸습니다. 임금은 그 정보를 믿고 이순신에게 공격 명령을 내렸습니다.

하지만 이순신은 그 명령을 따를 수 없었습니다. 일본의 함정이라는 것을 이미 알고 있었기 때문이었습니다. 그러자 임금은 자신의 명령을 듣지 않은 이순신을 고문하고 감옥에 가두었습니다.

이순신이 감옥에 갇혀 있는 동안, 일본군은 공격해 왔습니다. 이순신을 대신해 원균이 맡고 있던 조선 수군은 일본군에게 계속 패했습니다. 심지어 원균마저 일본군에게 죽고 말았습니다.

이순신의 진심과 애국심을 믿는 사람들은 이순신을 풀어달라고 임금에게 부탁했습니다. 마침내 이순신은 한 달 뒤 감옥에서 풀려났습니다.

이제 조선군에게 희망은 이순신뿐이었습니다. 이순신은 다시 삼도 수군통제사에 올라 남해로 떠났습니다. 하지만 수군에는 배 열두 척과 병사 백여 명밖에는 남아 있지 않았습니다. 그뿐 아니라 병사들은 패배에서 받은 공포 때문에 전투에 제대로 임하지 못했습니다.

그 사실을 전달받은 임금은, 수군을 없애 육군에 합치라고 했습니다. 하지만 이순신은 병력을 추스른 뒤 임금에게 편지를 보냈습니다.

"아직 배 열두 척이 남아 있으니 죽을힘을 다해 싸우겠습니다."

이순신은 앞장서서 병사들을 이끌었습니다.

"죽고자 하면 살 것이오, 살고자 하면 죽을 것이다."

조선 수군은 병력이 터무니없이 적었기 때문에 지형을 이용하여 방어했습니다. 그 결과, 130척이 넘는 적군의 배를 가라앉혔습니다.

이순신은 일본군과 전투를 하면서도 한쪽에서는 병사를 보충하고 배를 더

* 지형: 땅이 생긴 모양.

만들었습니다. 이순신이 온 지 1년이 지나
자 조선의 수군은 매우 강한 군대가 되어
있었습니다.

그 무렵, 전쟁을 일으킨 일본의 정치가
도요토미 히데요시가 죽어 일본군은 철수
를 준비하였습니다. 하지만 이순신은 일본
군을 그냥 돌려보내면 언젠가 또 쳐들어올
것이라고 생각했습니다.

이순신은 명나라 장군 진린을 만나 돌아가는 일본군을 공격하자고 말했습
니다. 진린은 이순신의 설득에 감동하여 일본군을 공격하기로 했습니다.

마침내 임진왜란 마지막 전투인 노량해전이 벌어졌습니다. 조선과 명나
라의 군대는 일본군의 배 500여 척 가운데 대부분을 불태우고 가라앉혔습
니다. 하지만 이순신은 일본군의 총을 맞고 쓰러졌습니다.

"방패로 나를 가려라. 그리고 전투가 끝나기 전까지 나의 죽음을 알리지
말아라."

이순신은 자신의 죽음이 알려지면 병사들이 힘을 잃을까 봐 걱정하였습
니다.

이 전투를 끝으로 7년 동안의 임진왜란은 끝났습니다. 임금은 전쟁을 승
리로 이끌고 세상을 떠난 이순신에게 우의정이라는 높은 벼슬을 내렸습니
다. 이후 이순신은 좌의정, 영의정 등 매우 높은 벼슬과 '충무공'이라는 호
를 받았습니다.

* 호: 본명 외에 쓰는 이름.

'이순신' 이야기를 읽고 나서 기억에 남은 부분과 그 부분에 대한 생각을 쓰려고 합니다. 빈칸에 알맞은 내용을 쓰세요.

(1)

기억에 남은 부분	이순신 장군은 스물여덟 살 때, 무과 시험을 보다가 달리던 말에서 떨어져 다리가 부러졌다. 하지만 나무껍질로 다리를 묶고 다시 말에 올라 끝까지 최선을 다했다.
느낌이나 생각	

(2)

기억에 남은 부분	이순신 장군이 전라도에 내려가 수군을 다스릴 때, 서익이라는 사람은 이순신이 부대를 제대로 관리하지 않는다고 거짓으로 보고하였다.
느낌이나 생각	

(3)

기억에 남은 부분	이순신 장군은 전쟁 중에도 피란민들을 수군 부대 근처에 머물 수 있게 하고, 식량과 옷을 나누어 주었다.
느낌이나 생각	

(4)

기억에 남은 부분	임금은 일본의 거짓 정보에 속아 공격 명령을 내렸다. 하지만 이 순신 장군은 명령을 따르지 않았다. 그러자 임금은 이순신을 고문 하고 감옥에 가두었다.
느낌이나 생각	

(5)

기억에 남은 부분	임금은 얼마 남지 않은 수군을 없애 육군에 합치라고 했다. 하지만 이순신 장군은 남은 배 열두 척으로 일본군에 맞서 싸웠고 승리를 거두었다.
느낌이나 생각	

(6)

기억에 남은 부분	이순신 장군은 노량해전에서 일본군의 총을 맞고 쓰러졌다. 이순신 장군은 죽어 가면서도 자신의 죽음이 알려지면 병사들이 힘을 잃을까 봐 걱정했다.
느낌이나 생각	

4 인물 이야기 독후감 쓰기

 다음은 정훈이가 쓴 독후감입니다.

'이순신'을 읽고

강원 희망 초등학교

3학년 7반 이정훈

제목
학교
학년, 반, 이름

이순신은 일본에 빼앗길 뻔한 나라를 지킨 장군이다. 일본이 조선을 침략하였을 때, 굳센 의지로 우리나라와 겨레를 지켰다.

처음
(인물에 대한 소개)

이순신 장군은 스물여덟 살 때, 무과 시험을 보다가 달리던 말에서 떨어져 다리가 부러졌다. 하지만 나무 껍질로 다리를 묶고 다시 말에 올라 끝까지 최선을 다했다.

자신의 꿈을 이루기 위해 최선을 다하는 모습이 멋있다고 생각했다. 아파서 움직이는 것도 힘들었을 텐데 시험을 끝까지 치른 것이 대단하다.

가운데 ①
(기억에 남은 부분 ①
+ 느낌이나 생각)

이순신 장군이 전라도에 내려가 수군을 다스릴 때, 서익이라는 사람은 이순신이 부대를 제대로 관리하지 않는다고 거짓으로 보고하였다.

가운데 ②

자신의 부탁을 들어주지 않았다고 사람을 괴롭히는 것은 나쁜 행동이다. 게다가 부당한 부탁을 한 것인데 서익은 너무 뻔뻔한 사람 같다.

이순신 장군은 힘든 상황에서도 자신의 역할을 다했기 때문에 현대까지도 사람들의 존경을 받는 장군이 된 것이라 생각한다. 나도 내가 맡은 일에 최선을 다해야겠다.

(기억에 남은 부분 ②
+ 느낌이나 생각)

끝
(책을 읽은 뒤의 느낌이나 생각)

다음 내용을 참고하여 인물 이야기 독후감의 끝 부분을 쉽게 쓸 수 있습니다.

1. 평소의 자신과 비교: 자신의 삶과 비교하여 인물의 업적이나 삶을 두드러지게 나타내고 느낀 점을 씁니다.

2. 자신이라면 어떻게 했을지 서술: 인물이 처한 상황을 자신이 겪었다면 어떻게 했을지 상상하여 생각을 적습니다.

3. 교훈과 다짐: 인물의 삶을 통해 배운 점을 쓰고, 그것과 관련하여 자신이 앞으로 어떻게 해 나갈 것인지 나타냅니다.

(1) 143~144쪽에 쓴 내용 가운데 두 개를 골라 독후감을 쓰세요. 처음과 끝 부분은
137쪽 내용을 그대로 옮겨 적어도 좋고, 여러분이 생각하여 써도 좋습니다.

11과 과학 독후감

1 과학 독후감이란?

과학 책에는 생물, 우주, 환경 등의 자연 현상이 일어나는 원리가 적혀 있습니다.

과학 독후감의 처음 부분에서는 책 내용을 소개합니다.

가운데 부분에는, 책을 읽으면서 새롭게 알게 된 사실과 그 사실을 알고 난 뒤의 느낌이나 생각을 씁니다. 이때 새롭게 알게 된 사실을 여러 부분 적으면 독후감 내용이 더욱 풍성해집니다.

끝 부분에는 책을 다 읽고 난 뒤에 든 느낌이나 생각을 씁니다.

처음	책 소개

가운데	새롭게 알게 된 사실 1 + 느낌이나 생각
	새롭게 알게 된 사실 2 + 느낌이나 생각

끝	책을 다 읽고 나서 든 느낌이나 생각

'자연은 인간의 스승'을 읽고

서울 지음 초등학교

3학년 4반 백현아

사람들이 물건을 발명하는 데에 자연이 큰 도움을 주었다고 이 책은 말하고 있다.

사람들은 단풍나무 씨가 떨어지는 모습을 보고 헬리콥터를 만들었다. 프로펠러처럼 돌며 떨어지는 씨가 있다는 것이 신기했다. 그리고 떨어지는 것을 보고 날아가는 물건을 만든 사람도 대단하다고 생각했다.

물총새가 물에 뛰어드는 모습을 본떠 고속 열차를 발전시켰다. 그러자 그 전보다 속도는 빨라졌고, 소음은 줄었다. 물총새의 행동에 과학 원리가 담겨 있는 것이 놀라웠다.

발명품은 모두 사람의 창의력으로만 탄생하는 줄 알았다. 그런데 자연을 모방한 발명품이 많은 것을 알게 되니 자연이 위대하다는 생각이 들었다.

2 처음 부분과 끝 부분 쓰기

⑴ 처음 부분 - 책을 소개합니다.

사람들이 물건을 발명하는 데에 자연이 큰 도움을 주었다고 이 책은 말하고 있다.

바닷속에는 수많은 동물이 살고 있다. '신기한 바다 동물'에는 그 가운데 불가사리, 말미잘, 성게 같은 신기한 동물들 이야기가 담겨 있다.

⑵ 끝 부분 - 책을 다 읽고 나서 든 생각이나 느낌을 적습니다.

발명품은 모두 사람의 창의력으로만 탄생하는 줄 알았다. 그런데 자연을 모방한 발명품이 많은 것을 알게 되니 자연이 위대하다는 생각이 들었다.

바닷속에 이런 동물들이 살고 있다는 것이 놀랍고 신기했다. 바다 동물에 대해 더 알고 싶어졌다.

3 신기한 바다 동물

 다음은 '신기한 바다 동물' 이야기입니다.

신기한 바다 동물

바다에는 특이한 모습을 한 동물이 많이 있습니다. 아주 천천히 움직이기 때문에 죽은 것처럼 보이는 것, 나무처럼 생겨서 식물 같아 보이는 것 등 신기한 동물이 많습니다.

불가사리는 잘려도 잘 죽지 않아 옛날에는 '불가살이(죽일 수 없는 것)'라고 불렸습니다. 보통 몸은 납작하고 별 모양으로 생겼으며, 팔이 다섯 개입니다. 하지만 팔이 여섯 개, 일곱 개, 많게는 스무 개가 넘는 것도 있습니다. 팔 밑에는 관족이라는 것이 있는데, 이 관족을 움직여 몸을 이동하고 숨을 쉽니다. 몸통 가운데에는 입이 있습니다.

불가사리는 추위에 강해 영하 30도에서도 잘 버팁니다. 또 웬만한 오염에도 잘 견딥니다. 그래서 극지방이나 오염된 바다에서 사는 종류도 있습니다. 식성이 좋아 같은 조개나 성게뿐 아니라 다른 불가사리까지도 잡아먹습니다.

말미잘은 바닷속 바위나 다른 생물의 겉에 단단히 달라붙어 삽니다. 원통 모양의 몸 위에는 입이 있고 그 주위에 촉수가 있습니다. 평소에는 다

---

* 촉수: 일부 동물의 몸 앞부분이나 입 주위에 길게 뻗어 있는 기관. 촉각, 미각 등의 감각 기관으로, 이것으로 먹이를 섭취하기도 한다.

른 물체에 딱 달라붙어 있습니다. 하지만 물고기나 고둥, 불가사리 같은 동물이 잡아먹으려 하면 헤엄쳐 피할 수 있습니다.

말미잘은 독을 이용하여 먹이를 마비시킨 뒤 입으로 먹습니다. 하지만 항문이 없어 음식 찌꺼기도 입으로 뱉어 냅니다.

산호는 겉으로 보기에는 바닷속에서 자라는 나무 같지만, 식물이 아니라 동물입니다. 산호도 말미잘처럼 다른 물체에 붙어 살아갑니다. 바닷물이 따뜻하고 깨끗하며, 염분이 높고 햇빛이 잘 드는 곳에서 잘 자랍니다.

빛깔이 화려하고 아름다워 사람들은 산호의 단단한 몸으로 보석을 만들기도 합니다. 산호는 이산화탄소를 흡수하여 지구가 뜨거워지는 것을 막아 줍니다.

해삼은 '바다의 인삼'이라는 뜻입니다. 원통 모양의 길쭉한 몸통에는 오톨도톨한 돌기가 있습니다. 그래서 서양에서는 '바다 오이'라고 부릅니다. 해삼은 불가사리와 마찬가지로 몸통 겉이 단단합니다. 몸 앞쪽에는 입이 있고 그 주변에 짧은 촉수가 자라 있습니다. 이 촉수로 모래나 진흙을 입에 넣어 거기에 있는 생물을 먹습니다. 입의 반대쪽 끝에는 항문이 있습니다.

해삼의 가장 큰 특징은 여름잠입니다. 수온이 17℃ 이상으로 높아지면 먹지도, 움직이지도 않고 여름잠을 잡니다. 회복력이 뛰어난 것도 해삼의 특징입니다. 몸이 잘리더라도 시간이 지나면 그 부분이 잘 자랍니다. 그래서 위험을 느끼면 몸 일부를 스스로 끊거나 창자를 몸 밖으로 꺼내어 버리기도 합니다.

멍게는 다른 말로 '우렁쉥이'라고 불립니다. 단단하고 질긴 몸통은 붉은색을 띠며, 겉에 돌기가 잔뜩 나 있습니다. 몸통 위쪽에는 바닷물을 빨아들이는 구멍이 있고, 옆으로는 물을 내보내는 구멍이 따로 있습니다. 이

구멍들로 바닷물을 빨아들이고 내보내 호흡과 먹이 활동을 합니다.

새끼 멍게는 올챙이 모양으로 생겨 물속을 잘 떠다닙니다. 그러다가 머리 쪽이 바위 같은 단단한 물체에 닿으면 그곳에 자리를 잡습니다. 그러면 그 아래쪽에서 뿌리 모양의 돌기가 자라 아래 물체에 찰싹 달라붙습니다.

바다에서 성게를 보면 밤송이로 오해할 수 있습니다. 이렇듯 밤송이처럼 생겨 사람들은 성게를 '밤송이조개'라고도 부릅니다. 성게는 야행성 동물이라서, 낮에는 바위틈에 있다가 밤에 움직여 먹이를 먹습니다.

몸통은 공처럼 둥글게 생겼으며 겉에 가시가 빼곡히 나 있습니다. 가시 사이에 관족이 자라 있으며, 그 가시와 관족을 이용하여 이동합니다. 입은 몸통 아래쪽에 있고 항문은 그 반대쪽에 있습니다. 바위에 붙어사는 식물이나 동물들을 잡아먹습니다.

이처럼 바다에는 특이한 모습으로 독특하게 살아가는 동물들이 많이 있습니다. 우리 눈에는 이상하게 보일 수도 있지만, 그 생물들은 나름대로 환경에 알맞은 모습을 하고 적응하며 살고 있습니다.

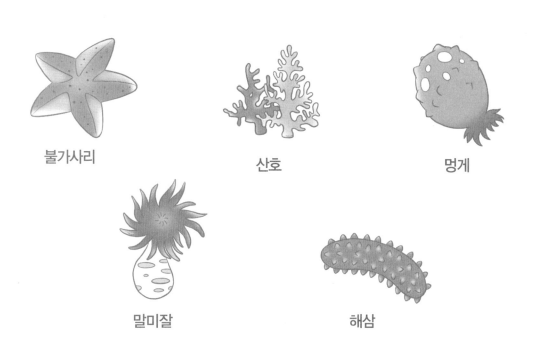

불가사리   산호   멍게

말미잘   해삼

'신기한 바다 동물'을 읽고 새롭게 알게 된 사실과 그것에 대한 생각을 쓰려고 합니다. 빈칸에 알맞은 내용을 쓰세요.

(1)

새롭게 알게 된 사실	불가사리의 팔은 보통 다섯 개다. 하지만 여섯 개, 일곱 개, 심지어 스무 개가 넘는 것도 있다.
느낌이나 생각	

(2)

새롭게 알게 된 사실	말미잘은 평소에 바닷속 바위나 다른 생물의 겉에 단단히 달라붙어 산다. 그런데 천적이 나타나 잡아먹으려 하면 헤엄쳐 피할 수 있다.
느낌이나 생각	

(3)

새롭게 알게 된 사실	나무 같아 보이지만, 산호는 동물이다. 빛깔이 화려하고 아름다워 보석을 만들 수 있다. 이산화탄소를 흡수하여 지구 온난화를 막기도 한다.
느낌이나 생각	

(4)

새롭게 알게 된 사실	멍게의 몸은 붉으며, 겉에 돌기가 잔뜩 나 있다. 새끼 멍게는 올챙이 모양으로 생겨 물속을 떠다니다가 머리 쪽이 단단한 물체에 붙어 자란다.
느낌이나 생각	

4 과학 독후감 쓰기

	한 줄 비웁니다.
'신기한 바다 동물'을 읽고	제목
목포 바다 초등학교	학교
3학년 1반 이한울	학년, 반, 이름
	한 줄 비웁니다.

바닷속에는 수많은 동물이 살고 있다. '신기한 바다 동물'에는 그 가운데 불가사리, 말미잘, 성게 같은 신기한 동물들 이야기가 담겨 있다.

처음 (책 소개)

불가사리의 팔은 보통 다섯 개다. 하지만 여섯 개, 일곱 개, 심지어 스무 개가 넘는 것도 있다. 팔이 다섯 개인 불가사리는 별처럼 귀엽게 생겼는데 스무 개인 것은 어떻게 생겼을지 궁금했다.

가운데 ① (새롭게 알게 된 사실 ① + 느낌이나 생각)

말미잘은 평소에 바닷속 바위나 다른 생물의 것에 단단히 달라붙어 산다. 그런데 천적이 나타나면 헤엄쳐 피할 수 있다. 말미잘이 헤엄친다는 사실이 굉장히 놀라웠다. 단단해 보이는 몸을 구부려 헤엄친다는 것이 신기했다.

가운데 ② (새롭게 알게 된 사실 ② + 느낌이나 생각)

바닷속에 이런 동물들이 살고 있다는 것이 놀랍고 신기했다. 바다 동물에 대해 더 알고 싶어졌다.

끝 (책을 다 읽고 나서 든 느낌이나 생각)

⑴ 157쪽 표의 내용을 가운데 부분으로 하여 '신기한 바다 동물' 독후감을 쓰세요. 처음과

끝 부분은 152쪽 내용을 그대로 옮겨 적어도 좋고, 여러분이 생각하여 써도 좋습니다.

3 단계

2차 개정판

나의 생각 글쓰기

기초 문장력 향상의 길잡이

시서례
도서
출판

정답과 해설

- 본 책에는 답이 확실한 문제도 있지만, 그렇지 않은 것도 있습니다. 답을 자유롭게 쓸 수 있는 문제에는 예시 답안을 적어 놓았습니다.
- 본 정답지에 정답이나 예시 답안이 없는 문제는, 그 문제의 앞에 실린 글쓰기 설명을 참고하세요.
- 설명이 필요한 문제에는 답과 함께 도움말을 실었습니다.

1과 문장 쓰기 7쪽

1.

(1) 민영이는 오후에 방에서 숙제를 했습니다.

(2) 재훈이가 교실에서 빨간 지우개를 주웠습니다.

(3) 우리 식구는 지난주에 제주도로 가족 여행을 다녀 왔습니다.

(4) 아기가 오리처럼 뒤뚱뒤뚱 걷는다.

(5) 형준이의 얼굴이 토마토처럼 빨개졌다.

(6) 연수 머리카락은 양털처럼 꼬불꼬불하다.

(7) 민주의 눈동자가 별처럼 반짝거렸다.

2.

(1) ① 동생이 숙제를 하다가 깜빡 졸았다.

② 나는 낮잠을 한 시간이나 잤다.

(2) ① 아기가 엄마 품에서 새근새근 잠이 들었다.

② 형은 방에서 쿨쿨 자고 있다.

(3) ① 시냇물이 졸졸 흐르고 있다.

② 번개가 치더니 비가 주룩주룩 쏟아졌다.

(4) ① 아기가 아장아장 걷는다.

② 삼촌께서 터벅터벅 걸어가셨다.

졸았다: 잠을 자려고 하지 않았으나 저절로 잠 이 들게 되었다.

잤다: 눈을 감고 몸과 정신이 쉬는 상태가 되었 다.

새근새근: 어린아이가 곤히 잠들어 조용하게 숨 쉬는 소리.

쿨쿨: 깊이 자면서 숨을 크게 쉬는 소리나 모양.

졸졸: 가는 물줄기가 잇따라 부드럽게 흐르는 소리나 모양.

주룩주룩: 굵은 물줄기가 빠르게 자꾸 흐르거나 내리는 소리나 모양.

아장아장: 키가 작은 사람이나 짐승이 이리저리 찬찬히 걷는 모양.

터벅터벅: 느릿느릿 힘없는 걸음으로 걸어가는 모양.

(2) '새근새근'은 '고르지 않고 가쁘게 숨 쉬는 소 리나 모양'이라는 뜻으로도 쓰입니다.

3.

(1) 우리는 눈을 뭉쳐 멋진 눈사람을 만들었다.

(2) 나는 매미 소리 때문에 잠을 설쳤다.

(3) 나는 바닷가에서 모래성을 지었다.

(4) 그 상자 안에는 곰 인형이 들어 있었다.

(5) 진우는 목욕탕에서 때수건으로 아버지 등을 깨끗이 밀어 드렸다.

(6) 나무에 꽃이 아름답게 피었다.

(7) 잠시 후 구름이 걷히더니 햇살이 쏟아졌다.

(8) 용돈으로 친구들과 떡볶이를 사 먹었다.

4.

(1) ① 정은이는 꽤 오랫동안 고민했다.

② 하지만 어떤 결정도 내리지 못했다.

(2) ① 승희가 보낸 편지를 받아서 반가웠다.

② 그리고 승희가 2년 동안 나를 잊지 않은 것이 고마웠다.

(3) ① 윤정이는 곤충에 대해 무척 많이 안다.

② 그래서 친구들에게 '곤충 박사'라고 불린다.

(4) ① 진형이는 방을 구석구석 뒤져 보았다.

② 하지만 삼촌께서 선물로 주신 필통은 찾을 수 없었다.

(5) ① 현성이는 친구들과 축구를 하려고 공을 가져왔다.

② 그런데 비가 내리는 바람에 그냥 집에 올 수밖에 없었다.

5.

(1) ② 학교는 백과사전이다. 다양한 지식을 쌓을 수 있으니까.

③ 학교는 맛집이다. 맛있는 급식을 주니까.

(2) ① 왜냐하면 친구네 가족이 이사를 하기 때문이다.

② 그래서 친구에게 편지를 썼다.

(3) ① 왜냐하면 동생이 내 물건을 함부로 만졌기 때문이다.

② 그래서 어머니께 혼이 났다.

(4) ① 왜냐하면 다친 친구를 도와주었기 때문이다.

② 그래서 앞으로도 친구를 더 잘 도와주기로 했다.

(5) ① 왜냐하면 내 생일이기 때문이다.

② 그래서 고모께 뽀뽀를 해 드렸다.

2과 문단 쓰기 19쪽

1.

(1) ①

(2) ②

(1) ① '세종 대왕은 많은 업적을 남겼다.'가 이 글의 중심 생각입니다. 한글을 만든 것, 인재를 발굴하여 과학 기구를 만든 것 모두 세종 대왕의 업적입니다.

② 이 글의 중심 생각도 '세종 대왕은 많은 업적을 남겼다.'입니다. 두 번째 문장에서는 세종 대왕의 업적으로 한글 창제를 소개하고 있습니다. 하지만 마지막 문장은 세종 대왕의 업적과 관계없는 내용을 담고 있습니다.

(2) ① 이 글의 중심 생각은 '동물은 여러 방법으로 적에게서 자신을 지킨다.'입니다. 그런데 세 번째 문장은 중심 생각과는 거리가 먼, '외래 동물과 생태계'의 내용을 담고 있습니다.

② 이 글의 중심 생각도 '동물은 여러 방법으로 적에게서 자신을 지킨다.'입니다. 첫 번째 문장은 중심 생각을 직접 나타내고 있고, 두 번째, 세 번째 문장은 카멜레온과 스컹크의 예를 들어 중심 생각을 뒷받침하고 있습니다.

2.

(1) 철새란 계절에 따라 사는 곳을 옮기는 새를 말한다.

(2) 우리나라는 삼면이 바다로 둘러싸여 섬이 많다.

(3) 세수를 할 때에는 얼굴에 묻은 비눗물을 잘 씻어 내야 한다.

(4) 우리나라는 동쪽, 서쪽, 남쪽에 바다가 있다.

(5) 제헌절은 우리나라의 헌법을 만든 것을 기념하려고 정한 날로, 7월 17일이다.

> 중심 문장의 위치에 따라 두괄식 문단, 미괄식 문단, 양괄식 문단 등으로 나뉩니다. 두괄식은 문단의 앞부분에 중심 문장이 있으며, 미괄식은 문단의 끝부분, 양괄식은 문단의 앞부분과 끝부분에 중심 문장이 위치합니다.

3.

(1) 우리나라는 봄, 여름, 가을, 겨울의 특징이 뚜렷하다. 봄에는 따뜻하며, 여름에는 덥고 습하다. 가을에는 시원하며, 겨울에는 춥고 건조하다.

(2) 공공장소에서는 남에게 피해를 주는 행동을 해서는 안 된다. 박물관에서 뛰어다니면 친구들이 관람하는 데에 방해가 될 수 있다. 놀이터에서 큰 소리로 떠들면 사람들이 불쾌할 수 있다.

4.

(1) 모두 포도다. / 포도를 이용해

(2) 활동을 시작한다. / 가을이 되면

(3) 쓸 수 있다. / 학용품을 아껴 쓰면

(4) 경험할 수 있다. / 독서는 글쓰기 공부에도

　① 책을 많이 읽으면 다양한 것을 간접적으로 경험할 수 있다.

　② 독서는 글쓰기 공부에 도움이 된다.

> (1) 첫 번째 문단에서는 포도의 종류를, 두 번째 문단에서는 포도를 이용해 만든 음식을 설명하고 있습니다.
>
> (2) 첫 번째 문단에서는 봄의 특징을, 두 번째 문단에서는 가을의 특징을 설명하고 있습니다.
>
> (3) 이 글에서는 학용품을 아껴 쓰면 어떤 점이 좋은지를 말하고 있습니다. 첫 번째 문단에서는 용돈 절약, 두 번째 문단에서는 환경 보호라는 점에서 좋다고 주장하고 있습니다.
>
> (4) 이 글에서는 독서의 장점을 말하고 있습니다. 첫 번째 문단에서는 간접 경험, 두 번째 문단에서는 글쓰기 공부에 도움이 된다는 점에 좋다고 말하고 있습니다.

1. (1)

잠꾸러기

서울 훈민 초등학교

3학년 1반 성민국

내 동생 별명은 잠꾸러기다.

(2)

우리는 내일 설악산으로 가족 여행을 ∨
갈 예정입니다. 바다에도 갈 것입니다.

2. (1)

이럴 수가! 또 늦고 말았다. 정말
난 왜 이렇게 잠이 많을까? 어제, 오
늘 계속 지각이다. 오늘은 꼭 학교에
일찍 가겠다고 다짐했는데……. 오늘은
자기 전에 꼭 자명종 시간을 맞춰 놓
아야지!

3. (1)

등굣길에 현성이를 만났다.
"현성아, 내 생일 선물 가져왔어?"
현성이는 아무 말도 하지 않았다.

(2)

우리 할아버지는 1945년 8월 15일에 ∨
태어나셨습니다. 바로 광복절입니다. 그날, ∨
우리나라의 사람들은 얼마나 기뻤을까요?

3. (2) 둘째 줄 끝부분을 다음과 같이 쓸 수도 있습니다. | 그 | 날 | ,

1.

(1) [나]

(2)

> 어머니께
>
> 어머니, 저 현주예요.
>
> 아까 동생이랑 싸워서 죄송해요. 너무 까불어서 꿀밤 한 대 때렸는데 성주가 대들어서 싸우게 되었어요.
>
> 앞으로는 덜 싸울게요. 어머니도 너무 걱정하지 않으시면 좋겠어요.
>
> 10월 15일
> 딸 현주 올림

4.

(1) 자전거를 사 주세요.

2.

(1)

글감	동생이 키우는 달팽이를 살펴보았다.
중심 생각	달팽이가 귀여워 보였다.

(2)

글감	설거지를 했다.
중심 생각	어머니께서 좋아하시는 모습을 보니 정말 뿌듯했다.

3.

(1) 재연이가 우리 집에 놀러 왔다.

(2) 저녁에 사과를 먹었다.

(3) 현진이에게 지우개를 빌려주었다.

(4) 빨간 꽃이 활짝 피었다.

(5) 현주가 동그란 지우개를 잃어버렸다.

(6) 민영이가 시원한 물을 마셨다.

(7) 수현이가 맑은 하늘을 올려다보았다.

(8) 동생이 저녁에 거실에서 방귀를 뀌었다.

(9) 우리 반 친구들과 방과 후에 운동장에서 피구를 했다.

(10) 재현이는 학교에 갈 때 길에서 진수를 만났다.

(11) 아침에 숲속에서 새들의 노랫소리가 들려왔다.

4.

(1)

글감	등굣길에 고꾸라졌다.
중심 생각	아침에 게으름 피운 것을 후회했다.

(2)

글감	1교시에 자석 실험을 했다.
중심 생각	재미있는 실험을 많이 하면 좋겠다.

(3)

글감	할머니 짐을 들어 드렸다.
중심 생각	할머니를 도와드려 자랑스러웠다.

(4)

글감	천둥이 울렸다.
중심 생각	부모님께서 빨리 오시면 좋겠다고 생각했다.

(5)

5월 7일 금요일 흐렸다 맑았다
자석 실험은 신기해
1교시에 자석 실험을 했다.
"자, 종이 위에 철가루를 뿌리고 자석을 대어 보세요."
선생님 말씀을 따라 자석을 갖다 대자 철가루가 달라붙었다. 자석에 풀이 묻은 것도 아닌데 철가루가 붙어, 자석이 움직이는 대로 따라오는 걸 보니 재미있고 신기했다. 앞으로도 학교에서 재미있는 실험을 많이 하면 좋겠다.

(6)

5월 10일 월요일 밤에 요란한 천둥
천둥은 너무 무서워
부모님께서 맞벌이를 하시기 때문에 학교에 다녀오면 늘 나 혼자 집에 있다. 그런데 어쩐지 오늘따라 집이 더 조용하고 어두운 것 같았다.
"우르릉 쾅쾅!"
그때 갑자기 창밖에서 커다란 소리가 났다. 굵은 빗방울이 쏟아지더니 천둥이 다시 울렸다. 너무 무서웠다. 창문이 깨지고 집이 무너질 것만 같았다. 또 방에서 괴물이 나올 것 같기도 했다. 부모님께서 빨리 오시면 좋겠다고 생각했다.

1.

(1)

글감	할머니 생신날 식당 아주머니와 부딪쳤다.
줄거리	① 할머니 생신날 식구들과 식당에 갔다.
	② 밥을 먹은 뒤 정민이와 뛰어나가고 있었다.
	③ 음식을 나르시던 식당 아주머니와 부딪쳐 음식이 바닥에 쏟아졌다.
	④ 부모님께서 아주머니께 사과하시고 우리를 혼내셨다.
중심 생각	다음부터 식당에서는 절대 장난치거나 뛰어다니지 않겠다고 다짐했다.

(2)

글감	햄스터를 잃어버렸다.
줄거리	① 성현이에게서 햄스터를 받았다.
	② 정성껏 햄스터를 돌보았다.
	③ 햄스터가 사라졌다.
	④ 집을 샅샅이 뒤졌지만 찾을 수 없었다.
중심 생각	햄스터가 걱정되었다.

2.

(1)

"제주도에 가고 싶어요."

(2)

"목에 뭐가 걸렸는지 초코가 아침부터 낑낑거려요."

(3)

"정말 미안해."

3.

(1)

　지난달에 식구들과 함께 놀이공원에 갔다. 놀이공원에 도착해 표를 샀다. 오전에는 놀이 기구를 신나게 탔다. 점심을 먹고 나서는 놀이공원 안에 있는 동물원을 둘러보았다. 예쁜 꽃을 보고 함께 사진을 찍은 뒤 집으로 돌아왔다.

(2)

　지난 주말에 부산으로 가족 여행을 갔다. 아침 일찍 서울역에 도착해 열차를 기다렸다. 열차에 오르니 가슴이 콩닥콩닥 뛰기 시작했다. 열차를 탄 지 한 시간쯤 지나 김밥과 음료수를 사 먹었다. 우리는 부산역에서 내려 택시를 타고 자갈치 시장에 갔다.

1.

(1)

처음	① 개는 사람보다 뛰어난 능력이 많다.
가운데	② 개는 청각이 무척 뛰어나다.
	③ 개는 후각이 매우 좋다.
끝	④ 개는 뛰어난 능력이 많은 동물이다.

(2)

처음	① 갯벌은 생물이 살아가는 데에 도움을 준다.
가운데	② 갯벌은 새들에게 무척 중요하다.
	③ 사람도 갯벌에서 많은 이익을 얻는다.
끝	④ 갯벌은 생물에게 매우 중요하다.

(3)

처음	① 사람들은 화석 연료를 이용하여 에너지도 얻고, 많은 물건을 만들기도 한다.
가운데	② 화석 연료 가운데 사람들이 가장 먼저 이용한 것은 석탄이다.
	③ 오늘날 사람들이 가장 많이 사용하는 화석 연료는 석유다.
끝	④ 환경적인 이유로 석탄의 사용을 줄이자는 운동이 일어나고 있다.

2.

(1)

> 프라이팬을 가스레인지 위에 올리고 불을 켭니다. 프라이팬이 어느 정도 뜨거워지면 프라이팬에 식용유를 두릅니다. 그런 다음, 프라이팬에 달걀을 깨서 올립니다. 입맛에 맞게 달걀에 소금을 뿌립니다. 달걀 아랫면이 어느 정도 익으면 뒤집개로 뒤집어 윗면도 익힙니다. 달걀이 다 익으면 뒤집개를 이용하여 달걀을 접시에 담습니다.

3.

(1) 우선, 그런 뒤에, 그리고 나서는, 끝으로

(2) ③ → ① → ④ → ②

(3)

> 김밥을 만들려면, 우선 김, 밥, 단무지, 달걀, 시금치, 소시지 등 자신이 넣고 싶은 재료를 준비한다. 그런 뒤에는 김 위에 밥을 얹어 얇게 편다. 그러고 나서는 단무지, 달걀, 시금치, 소시지 같은 재료를 밥 위에 나란히 올린다. 마지막으로, 김밥을 둥글게 말아 먹기 좋은 크기로 자른다.

(4) 양상추, 치즈, 오이

(5) 양상추, 치즈, 오이 / ③ → ② → ④ → ①

(6)

샌드위치 만들기

우선 식빵, 양상추, 치즈, 오이 등 샌드위치 만들 재료를 준비한다. 그런 뒤에 식빵 한 장을 깔고 그 위에 재료를 바르거나 차곡차곡 얹는다. 그러고 나서는 잘 쌓은 재료 위에 식빵 한 장을 올려 덮는다. 끝으로 샌드위치를 먹기 좋은 크기로 잘라 접시에 담는다.

(4)~(6) 여기에서는 양상추, 치즈, 오이를 넣어 샌드위치를 만들어 보았습니다. 자신의 취향에 맞는 재료를 자유롭게 골라 쓸 수 있습니다.

4.

(1)

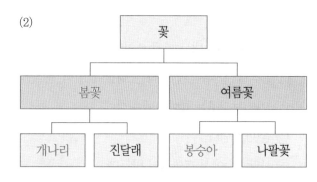

새는 날 수 있는 새와 날 수 없는 새로 나누어 살펴볼 수 있습니다. 날 수 있는 새에는 (까치)와 독수리가 있습니다. 날 수 없는 새에는 (타조)와 펭귄이 있습니다.

(2)

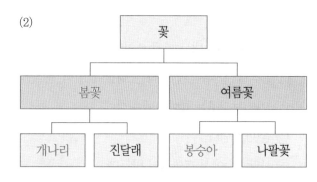

꽃은 종류마다 피는 계절이 다릅니다. 봄에 피는 꽃을 (봄꽃)이라고 하며, 여기에는 개나리와 (진달래)가 있습니다. 여름에 피는 꽃을 (여름꽃)이라고 합니다. 여기에는 (봉숭아와 나팔꽃이 있습니다.)

(3)

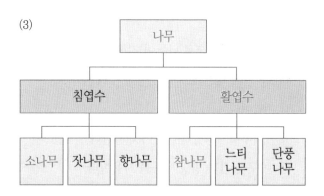

(나무)는 나뭇잎이 바늘처럼 뾰족한 침엽수와 나뭇잎이 둥글거나 넓적한 활엽수로 나누어 볼 수 있습니다. (침엽수)에는 소나무, (잣나무), (향나무)가 있습니다. 활엽수에는 (참나무, 느티나무, 단풍나무가 있습니다.)

5.

(1) ② 음식의 맛을 내는 데에 쓰인다.

③ 음식을 상하지 않게 하는 성질이 있어 음식을 오래 보관하는 데에 이용한다.

④ 단맛을 낸다.

⑤ 사탕수수에서 뽑아내어 만든다.

⑥ 짠맛을 낸다.

⑦ 바닷물을 증발시켜 얻는다.

(2) ① 공을 사용하는 운동 경기다.

② 여러 명이 한 팀을 이루어 경기한다.

③ 선수마다 정해진 위치와 역할이 있다.

④ 11명이다.

⑤ 전반과 후반으로 나누어 진행한다.

⑥ 공 외에 다른 도구를 사용하지 않는다.

⑦ 9명이다.

⑧ 1회부터 9회까지 나누어 대결한다.

⑨ 야구 장갑과 방망이 등을 사용한다.

축구의 골키퍼는 장갑을 쓰기도 합니다.

6.

(1) ① 키가 6미터 정도로, 포유류 가운데 가장 크다.

② 목과 다리가 길다.

③ 나뭇잎, 작은 나뭇가지, 꽃, 열매 등을 먹고 산다.

(2)

기린은 아프리카에 사는 동물이다.

키가 6미터 정도로, 포유류 가운데 가장 크다. 목과 다리가 긴 것이 특징이다. 나뭇잎, 작은 나뭇가지, 꽃, 열매 등을 먹고 산다.

아프리카에서도 기린의 수가 줄고 있어 사람들이 보호하고 있다.

(3) ① 땅이나 나무 속에 알을 낳아 기른다.

② 식량을 모으고 사냥을 하며 여왕개미를 돕는다.

③ 여왕개미와 짝짓기를 한다.

(4)

개미는 공원이나 숲에서 쉽게 볼 수 있는 곤충이다.

개미는 크게 세 종류로 나뉜다. 여왕개미는 땅이나 나무 속에 알을 낳아 기른다. 일개미는 식량을 모으고 사냥을 하며 여왕개미를 돕는다. 수개미는 여왕개미와 짝짓기를 한다.

오늘도 개미들은 자신의 역할을 하며 부지런히 살아간다.

8과 논설문 103쪽

1.

(1) ② 운동을 하면 몸이 건강해진다.

   ③ 운동을 하면 기분이 좋아진다.

   ④ 운동을 하면 친구들과 관계가 좋아진다.

   ⑤ 자신의 체력에 맞는 운동을 골라 꾸준히 운동
   하자.

> 논설문의 구성을 보통 '서론-본론-결론'으로 나눕니다. 하지만 여기에서는 글이 세 부분으로 나뉜다는 점만 살펴보기 위해 '처음-가운데 - 끝'으로 나누어 놓았습니다.
> '서론, 본론, 결론' 단계 설명은 〈나의 생각 글쓰기〉 4, 5, 6단계에 실었습니다.

2.

(1) ② 양식을 마련하지 않고 노래만 한 것은 미래를
   생각하지 않고 사는 것이다.

   ④ 여름 내내 노래를 불러 풀숲 동물들에게 즐거
   움을 주었다.

(2) ① 먹이

   ② 나그네

   ③ 구렁이의 남편에게 활을 쏜 것은 벌 받을 행동
   이 아니다.

   ④ (새끼) 까치

   ⑤ 슬픔

(4)

	주장	즉석식품은 먹어도 좋다.
정호	까닭	① 대부분 데우거나 끓이기만 하면
		바로 먹을 수 있으니 간편해서 좋다.
		② 바쁜 현대인들에게 요리 시간을
		절약할 수 있게 도와준다.

	주장	즉석식품을 먹으면 안 된다.
수지	까닭	① 즉석식품에는 식품 첨가물 같은
		화학 물질, 색소, 설탕이 들어 있다.
		② 즉석식품은 대부분 일회용 그릇에
		포장되어 있어서 환경을 오염한다.

> (3)에 구렁이와 나그네의 의견과 까닭을 읽고 자신의 생각을 종합하여 판결을 내리고 까닭을 씁니다. 이때 구렁이나 나그네가 밝힌 까닭 외에 다른 의견을 쓰면 더욱 좋습니다.

3.

(1) ① 모범을 보이는 회장이 되겠다.

   ② 친절한 회장이 될 것이다.

   ③ 따돌림을 받는 친구가 없는 반을 만들겠다.

3.

(1)

> 마을 사람들이 굶주리는 모습을 가엽게 여기는 왕자가 아름답게 느껴졌다.

(2)

> 가난한 사람들에게 루비를 가져다주라고 부탁한 왕자도 대단하지만, 아픈 아이를 위해 날갯짓을 한 제비도 훌륭하다고 생각했다.

(3)

> 제비가 너무 불쌍했다. 나 같으면 처음 한두 번만 왕자를 도와주고 떠났을 텐데. 목숨을 걸고 가난한 사람들을 도운 제비에게 감동했다.

(4)

> 착한 일을 한 주인공들이 죽어서 가슴 아팠다. 그래도 하늘에서라도 행복하게 살 수 있게 되어 다행이라고 생각했다.

4.

(1)

> '행복한 왕자'를 읽고
>
> 강원 행복 초등학교
>
> 3학년 1반 황민정
>
> 제비가 행복한 왕자 동상을 만나, 어렵게 살아가는 마을 사람들을 도와주는 이야기다. 왕자와 제비를 통해 이웃을 사랑하는 마음을 보여 주고 있다.
>
> 제비는 왕자의 부탁을 모두 들어주고는 자신의 죽음을 예감했다. 그래서 떠나는 말을 듣고도 왕자의 곁에 남아 얼어 죽고 말았다.
>
> 제비가 너무 불쌍했다. 나 같으면 처음 한두 번만 왕자를 도와주고 떠났을 텐데. 목숨을 걸고 가난한 사람들을 도운 제비에게 감동했다.
>
> 천사는 마을에서 왕자의 심장과 제비 시체를 가져가 하느님께 바쳤다. 하느님은 왕자와 제비의 마음에 감동하여 그 둘을 천국에서 영원히 살게 해 주었다.
>
> 착한 일을 한 주인공들이 죽어서 가슴이 아팠다. 그래도 하늘에서라도 행복하게 살 수 있게 되어 다행이라고 생각했다.
>
> 책을 읽고, 내 주변에도 가난하고 고통받는 사람들이 있지 않을까 하는 생각을 하게 되었다. 앞으로는 무심히 지나쳤던 이웃들을 조금 더 자세히 살펴보아야겠다.

독후감의 처음 부분과 끝 부분은 본 책의 117쪽에 실린 내용을 참고하여 씁니다. 물론 그 방법 외에도 자유롭게 쓸 수 있습니다.

3.

(1)

> 자신의 꿈을 이루기 위해 최선을 다하는 모습이 멋있다고 생각했다. 아파서 움직이는 것도 힘들었을 텐데 끝까지 시험을 치른 것이 대단하다.

(2)

> 자신의 부탁을 들어주지 않았다고 사람을 괴롭히는 것은 나쁜 행동이다. 게다가 부당한 부탁을 한 것인데 서익은 너무 뻔뻔한 사람 같다.

(3)

> 일본의 공격을 막는 것도 힘들었을 텐데 백성들까지 챙기는 모습을 보고 이순신 장군의 따뜻한 성품을 느낄 수 있었다. 이순신 장군은 정말 백성을 아끼고 사랑한 것 같다.

(4)

> 아무리 임금의 명령이라고 해도 전투 상황을 잘 아는 사람의 결정은 존중해 주어야 한다고 생각한다. 이순신 장군이 무척 불쌍했다.

(5)

> 이순신 장군의 자신감이 부러웠다. 훨씬 많은 적을 앞에 두고도 자신의 뜻을 자신 있게 주장하고, 계획을 성공으로 이끈 것이 멋있었다.

(6)

> 이순신 장군이 마지막 전투에서 죽은 것이 안타까웠다. 고생한 만큼 전쟁 후에 행복하게 오래 살았어야 했는데, 그러지 못해 가슴이 아팠다.

4.

> '이순신'을 읽고
>
> 제주 대양 초등학교
>
> 3학년 3반 이소영
>
> 이순신은 일본에 빼앗길 뻔한 나라를 지킨 장군이다. 일본이 조선을 침략하였을 때, 굳센 의지로 우리나라와 겨레를 지켰다.
>
> 이순신 장군은 전쟁 중에도 피란민들을 수군대 근처에 머물 수 있게 하고, 식량과 옷을 나누어 주었다.
>
> 일본의 공격을 막는 것도 힘들었을 텐데 백성들까지 챙기는 모습을 보고 이순신 장군의 따뜻한 성품을 느낄 수 있었다. 이순신 장군은 정말 백성을 아끼고 사랑한 것 같다.
>
> 이순신 장군은 노량해전에서 일본군의 총을 맞고 쓰러졌다. 이순신 장군은 죽어가면서도 자신의 죽음이 알려지면 병사들이 힘을 잃을까 봐 걱정했다.
>
> 이순신 장군이 마지막 전투에서 죽은 것이 안타까웠다. 고생한 만큼 전쟁 후에 행복하게 오래 살았어야 했는데, 그러지 못해 가슴이 아팠다.
>
> 이순신 장군은 힘든 상황에서도 자신의 역할을 다했기 때문에 현대까지도 사람들에게 존경을 받는 장군이 된 것이라 생각한다. 나도 내가 맡은 일에 최선을 다해야 겠다.

(좌측 여백 세로 표기: 장 / 의 / 부 / 누 / 들 / 한 / 백 / 맞 / 신 / 걱 / 타 / 살 / 을 / 받 / 은)

3.

(1)

팔이 다섯 개인 불가사리는 별처럼 귀엽게 생겼는데 스무 개인 것은 어떻게 생겼을지 궁금했다.

(2)

말미잘이 헤엄친다는 사실이 굉장히 놀라웠다. 단단해 보이는 몸을 구부려 헤엄친다는 것이 신기했다.

(3)

나무처럼 생긴 산호가 동물이라는 사실을 알고 무척 신기했다. 또 바닷속에 사는 산호가 지구 온난화를 막는다는 사실이 놀라웠다.

(4)

새끼와 어른의 모양이 다른 건 곤충뿐인 줄 알았는데, 새끼 멍게가 올챙이처럼 생겼다는 것이 무척 놀라웠다. 머리 쪽이 단단한 물체에 달라붙어 물구나무선 것처럼 자라는 것도 재미있게 느껴졌다.

4.

(1)

'신기한 바다 동물'을 읽고

충북 가람 초등학교

3학년 2반 정현경

바닷속에는 수많은 동물이 살고 있다. '신기한 바다 동물'에는 그 가운데 불가사리, 말미잘, 성게 같은 신기한 동물들 이야기가 담겨 있다.

나무 같아 보이지만, 산호는 동물이다. 빛깔이 화려하고 아름다워 보석을 만들 수 있다. 이산화탄소를 흡수하여 지구 온난화를 막기도 한다.

나무처럼 생긴 산호가 동물이라는 사실을 처음 알고 무척 신기했다. 또 바닷속에 사는 산호가 지구 온난화를 막는다는 사실이 놀라웠다.

멍게의 몸은 붉으며, 겉에 돌기가 잔뜩 나 있다. 새끼 멍게는 올챙이 모양으로 생겨 물속을 떠다니다가 머리 쪽이 단단한 물체에 달라붙어 자란다.

새끼와 어른의 모양이 다른 건 곤충뿐인 줄 알았는데, 새끼 멍게가 올챙이처럼 생겼다는 것이 무척 놀라웠다. 머리 쪽이 단단한 물체에 달라붙어 물구나무선 것처럼 자라는 것도 재미있게 느껴졌다.

바닷속에 이런 동물들이 살고 있다는 것이 놀랍고 신기했다. 바다 동물에 대해 더 알고 싶어졌다.

나의 생각 글쓰기